CHANTS POPULAIRES

RECUEILLIS

DANS LE PAYS MESSIN

MIS EN ORDRE ET ANNOTÉS

PAR LE Cte DE PUYMAIGRE

NOUVELLE ÉDITION
AUGMENTÉE DE NOTES ET DE PIÈCES NOUVELLES

TOME II

PARIS

H. CHAMPION, LIBRAIRE
Quai Malaquais, 15

NANCY	METZ
SIDOT FRÈRES, LIBRAIRES	SIDOT FRÈRES, LIBRAIRES
Rue Raugraff	Rue des Jardins

1881

RONDES

ET CHANSONS DIVERSES

CHANTS POPULAIRES

DU MÊME AUTEUR

Poètes et Romanciers de la Lorraine. 1 vol. in-12.
Les vieux Auteurs castillans. 2 vol. in-12.
La Cour littéraire de Don Juan II. 2 vol. in-12.
Petit Romancero, vieux chants espagnols, 1 vol. in-18.
Romancero portugais. 1 vol. in-18.
Le Victorial. Chronique de Don Pedro Niño, traduit d'après le manuscrit en collaboration avec M. le comte Albert de Circourt. 1 vol. in-8°.

Nancy, imp. Berger-Levrault et Cie.

CHANTS POPULAIRES

RECUEILLIS

DANS LE PAYS MESSIN

MIS EN ORDRE ET ANNOTÉS

PAR LE C^{TE} DE PUYMAIGRE

NOUVELLE ÉDITION
AUGMENTÉE DE NOTES ET DE PIÈCES NOUVELLES

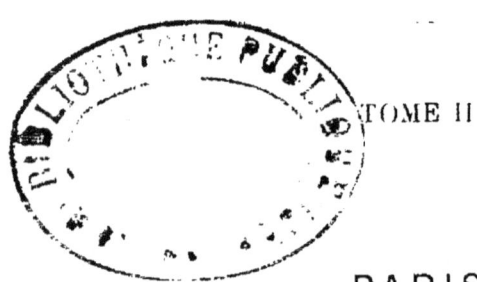

TOME II

PARIS

H. CHAMPION, LIBRAIRE

Quai Malaquais, 15

NANCY	METZ
SIDOT FRÈRES, LIBRAIRES	SIDOT FRÈRES, LIBRAIRES
Rue Raugraff	Rue des Jardins

1881

RONDES

ET

CHANSONS DIVERSES

I

La belle Danse

RONDE

(RETONFÉY)

Nous sommes une tant bell' danse,
Composée de jeunes gens ;
Mon amant, celui que j'aime,
N'y est pas, je le vois bien.

Soudain, j'ai tourné ma tête,
Tout droit au soleil levant,
J'ai vu v'nir mon ami Pierre,
Sur un cheval noir et blanc.

Dans sa main tient une rose,
Tout en or et en argent :
— Pour qui cette belle rose,
Mon tout bel ami plaisant ?

— Ce sera pour vous, la belle,
Vous êt's belle à l'avenant ;
N'y donnez pas vos amours,
Si vous ne savez comment.

N'y donnez pas vos amours,
Si vous ne savez comment ;
Hier, j'ai donné les miennes,
Aujourd'hui je m'en repens.

NOTE.

C'est ordinairement par cette ronde que les rondes du soir commencent. Les jeunes filles se tenant par la main, tournent en la chantant seules, c'est une espèce d'appel, les garçons qui l'entendent se réunissent et se rendent bientôt à la danse. (*Note de M. Auricoste.*)

Les *Chants et Chansons populaires du Cambresis* (*Mémoires de la Société d'émulation de Cambrai*, t. XXVIII, 1re partie) contiennent une ronde dont le début ressemble à celui de la nôtre.

Voici une danse faite,
De tout beaux et jeunes gens,
Mon amant, celui que j'aime,
N'y est pas, je le vois bien,
  Brunette, allons gai,
    Gai.
  Brunette, allons gai,
    Mai.

Je le vois là-bas venir,
Sur un cheval noir et blanc.

Je n'attends pas qu'il soit là,
Je m'en allai au devant, etc.

II

La fâcheuse Lettre

CHANSON

(SERROUVILLE)

En mon chemin chemine,
Chemine envers Paris.
En mon chemin rencontre
Un écrivain joli,
Qui portait une lettre :
Mes amours m'ont écrit.
Tout en lisant la lettre,
Mon cœur en est saisi.
— Que maudit soit la lettre !
Celui qui l'a écrit
N'a pas mis dans la lettre
Que j'aurais mon amie.
Ai-j' tant battu la haie,
Pour qu' d'autres trouvent l' nid !
Ai-j' tant aimé la belle,
Pour qu' d'autres me l'aient pris !

III

L'Alouette et la jeune Femme[1]

RONDE

(RETONFÉY)

Mon père m'envoie t'à l'herbe,
    A l'herbe au bois ;
Je n'y cueillais point d'herbe,
    Je cherche un nid.
Celui que mon cœur aime,
    Ne l'ai point ici.

J'y trouvai l'alouette,
    Faisant son nid.

Je lui marchai sur l'aile,
    Je lui rompis.

— Retire toi, pucelle,
    Tu bris's mon nid ;

Je ne suis point fillette,
    J'ai z'un mari.

---

1. A chaque couplet, on répète les deux derniers vers du couplet précédent, puis le refrain.

J'ai trois enfants sur terre,
    Tous trois à lui.

L'un est en Angleterre,
    L'autre à Paris.

Et l'autre chez mon père,
    Le plus joli.

Il portera couronne
    De fleurs de lys.

Il sera roi de France
    Ou de Madrid.

NOTE.

M. Champfleury donne cette ronde dans les chants de la Lorraine, mais sa version est moins complète que celle-ci.

IV

L'Amant congédié

RONDE

(AUDUN-LE-ROMAN)

Par derrièr' chez mon père,
Les bois y sont grands,
Les amoureux y viennent
Par derrièr', par devant.
La belle, en vous aimant,
Perdrai-je donc ma peine ?
La belle, en vous aimant,
Perdrai-je donc mon temps ?

Il en vint z'un petit
Que mon cœur aimait tant ;
Il salua mon père
Si honorablement.
La belle, etc.

Eh ! bonjour donc le maître,
Le maître de céans ;
Aurai-je votre fille
Que mon cœur aime tant ?
La belle, etc.

Ma fill' n'est pas en âge,
Elle n'a que treize ans ;
Quand on veut cueillir les roses,
Il faut attendr' le printemps ;
Quand on veut aimer les filles,
Il faut qu'elles aient seize ans.

La belle, en vous aimant,
Perdrai-je donc ma peine ?
La belle, en vous aimant,
Perdrai-je donc mon temps ?

NOTE.

M. S.-F. Fallot a cité dans ses *Recherches sur le patois de Franche-Comté, de Lorraine et d'Alsace*, une chanson qui a quelque ressemblance avec celle qu'on vient de lire :

Ça dans lai rue lai ha,
Que y ô eune mason bianche,
Lai fille qu'a dedans
A belle e bia piasante,
Les amoiru y vont
Po darrie et po devant..., etc.
(P. 120.)

V

La vilaine Tante

RONDE

(MALAVILLERS)

Je m'suis levée de bon matin,
Plus matin que ma tante ;
Je suis entrée dans mon jardin,
Cueillir la rose blanche,
Ah! ah! ah! que l'amour me tourmente!

Je n'y suis pas plus tôt entrée,
Que mon amant y entre,
Il me dit en souriant :
— Marions-nous ensemble.
Ah! ah! ah! que l'amour me tourmente!

— Si ma tante le veut bien,
Moi j'en suis très-contente ;
Si ma tante ne veut pas,
Dans un couvent j'y entre.
Ah! ah! ah! que l'amour me tourmente!

J'prierai Dieu pour mes parents,
Mais non pas pour ma tante,
Aussi pour mon fidèle amant,
Que l'diable emporte ma tante.
Ah! ah! ah! que l'amour me tourmente!

VI

A Montrequienne

(MONTREQUIENNE)

A Montrequienn', me dit-on,
C'est où il y a d' jolis garçons
Et de jeunes fillettes,
Qui sont gaies et joliettes.

Tous les dimanch's après souper,
Les bell's s'en vont s' promener
Avec leurs bon-amis,
Et mènent joyeuse vie.

— Mademoisell', dit's-moi de bon cœur,
Y serai-j' votre serviteur ?
Voulez-vous que j' vous aime,
Et ferez-vous de même ?

— Je vous le dis en assurance,
Vous avez de l'espérance,
Vous êtes celui que j'aime,
Mettez-vous donc hors de peine.

Tandis qu' nous somm's fill's et garçons,
Dansons et nous divertissons,
Car le temps qui nous mène,
Nous f'ra endurer grand peine.

NOTE.

Montrequienne est un village de l'ancienne province des Trois-Évêchés, annexe de Rurange, arrondissement de Thionville. On retrouve sur plusieurs points du département des couplets semblables à ceux-ci, sauf que le nom de Montrequienne y est supprimé ou remplacé par un autre nom.

Puisque cette chanson nous en offre l'occasion, remarquons une fois pour toutes que le mot *serviteur* est pris par notre poésie populaire dans la signification d'amant, signification que le sens donné au mot maîtresse rend très-juste. Dans la poésie populaire italienne, même acception est attribuée au mot *servo*.

Se vuoi vedere il tuo servo morire...

VII

Les Garçons

RONDE

(LEXY)

Les garçons sont trompeurs
La chose est bien certaine ;
Quand ils sont devant vous :
— Ma mie que je vous aime !
L'amitié d' ces garçons
Ce n'est mais qu' trahison.

Quand ils sont près de vous :
— Ma mie que j' vous aime !
Mais quand ils n'y sont plus,
Ce n'en est plus de même.

Ils s'en vont dir' partout :
Connaissez-vous un' telle ?
Elle croit par ma foi !
Que j' suis amoureux d'elle.

Pour lui fair' voir que non,
J'vais me moquer d' la belle;
J'en irai voir une autre
Tout vis-à-vis chez elle.

Ell' n'est pas aussi riche,
Mais elle est bien plus belle,
Ell' sait coudre et broder,
Fair' des bonnets d' dentelle.

NOTE.

Dans son livre : *Voyage autour de mon jardin* (lettre XIX), M. A. Karr cite une chanson dont les cinq premiers couplets sont pour ainsi dire pareils aux nôtres et qui se termine ainsi :

Pour lui fair' voir que non,
J' fais l'amour près d' chez elle.
— Cherchez un autre amant
J'ai une autre maitresse.
— Je n'en chercherai pas
Et de ceux que j'aimais
Vous faisiez le treizième.

VIII

Fausses Apparences

CHANSON

(VIGY)

Ma voisine, écoutez-moi,
J' vous dirai la raison pourquoi
La chose est véritable,
Les garçons n'ont pas de foi,
Ils sont trop variables.

Ils ont des souliers mignons,
Qui sont couverts de cordons,
Qui sont couverts de cordons
Couleur de violette.
Allez voir au cordonnier,
Vous y trouverez la dette.

Mais quand ils s'en vont dansant,
Leurs pochettes s'en vont sonnant,
Leurs pochettes s'en vont sonnant,
Il semblerait à les voir,
Qu'ils ont cent écus dedans,
Ils n'y ont pas un liard.

Ils ont des habits bien faits,
Pour paraître au mieux faits
De corps et aussi de la taille,
Mais au milieu de l'habit,
Il n'y a rien qui vaille.

IX

L'Amant désolé

ROMANCE

(MALAVILLERS)

Un jour je m'y promène
Le long d'un bois charmant ;
Je m'ai mis à l'ombrage,
   Crainte du vent,
Par-dessous les feuillages
   Les plus charmants.

Ma maîtresse me vint dire :
— Hélas ! mon cher amant,
N'y perdez pas courage,
   Venez souvent,
Car dans le mariage
   On vit content.

— O ma chère maîtresse,
L'y a bien du changement,
Votre père, votre mère
   Sont malcontents.
Et adieu donc, la belle,
   C'est pour longtemps.

X

Le Mariage

(SERROUVILLE)

Quand on marie ses filles,
Il les faut revêtir
D'un beau cotillon rouge
Pour dire adieu plaisir.
Pendant que je suis jeune,
Laissez-moi divertir.

Adieu, père, adieu, mère,
Adieu, tous mes amis,
Je vais dans mon ménage
Avec mon cher ami.
Pendant, etc.

Le ménag' n'ira guère,
Je m'en irai servir.
Au logis de mon père
L'y fait meilleur qu'ici.
Pendant, etc.

On se couche à six heures,
On se lève à midi.
Pendant que je m'habille,
Le déjeuner rôtit.
Pendant, etc.

Pendant que je m'habille,
Le déjeuner rôtit.
Pendant que je déjeune,
Le violon fait cri, cri.
Pendant que je suis jeune,
Laissez-moi divertir.

NOTE.

M. Tarbé a publié (*Romancero de Champagne*, t. II, p. 82) une chanson où l'on retrouve quelques-uns des couplets qui précèdent. Je crois, du reste, que les trois derniers couplets de cette pièce doivent appartenir à une autre chanson.

XI

Regrets de jeune Femme

(BOUSSE)

L'y a un coffre de fer
Où mon cœur est enfermé,
Personne ne peut l'ouvrir,
Lon, lon, la, la, derirette ;
Personne ne peut l'ouvrir
Que mon amant bien-aimé.

Un jour un bouton de rose,
Un beau bouton lui ai r'fusé,
Ce n'était pas tout de roses,
Lon, lon, la, la, derirette ;
Ce n'était pas tout de roses,
Y avait aussi des pensées.

Oh ! que les garçons sont doux
Quand ils sont à marier,
Quand ils sont dans leur ménage,
Lon, lon, la, la, derirette ;
Quand ils sont dans leur ménage,
Ce sont diables déchaînés.

Tout autour de la cuisine,
On voit le bâton rouler,
Et l'on voit la jeune femme,
Lon, lon, la, la, derirette ;
Et l'on voit la jeune femme,
Qui pleur' dessous la ch'minée.

Sa voisine lui vient dire :
— Qu'avez-vous donc à pleurer ?
— Je peux bien pleurer, dit-elle,
Lon, lon, la, la, derirette ;
Je peux bien pleurer, dit-elle,
Le beau temps que j'ai passé.

Quand j'étais fill' chez mon père,
J'avais d'la blanche monnaie
Et des louis d'or à changer,
Lon, lon, la, la, derirette ;
A présent dans mon ménage,
Je n'ai pas un sou marqué.

XII

Conseils aux Filles

(BOUSSE)

Écoutez, jeunes filles,
Jeunes filles à marier,
Prenez garde à c' que vous faites,
Avant de vous fiancer :
C'est un lien si serré
Qu'on n' saurait le délier.

Tous les hommes sont si doux
Quand ils sont à marier ;
Quand ils sont dans leur ménage,
Ce sont diables déchaînés.
C'est un lien, etc.

Pauvre femm', par la fenêtre,
Regrette son temps passé.
— Quand j'étais chez mon père,
Jeune fille à marier !
C'est un lien, etc.

J'allais le jour au bal,
Et le soir me promener ;
A présent dans mon ménage,
Je ne peux plus y aller.
C'est un lien, etc.

Tout le jour et le soir,
J'ai mon ménage à faire,
Et mon mari à contenter.
Ah ! quel chien de métier !
C'est un lien, etc.

NOTE.

Un grand nombre de chansons pourraient être rapprochées de cette pièce. On en trouve une qui la rappelle beaucoup dans les *Chants pop. des provinces de l'Ouest,* t. II, p. 227.

XIII

La Joie du Ménage

(BOUSSE)

Jeunes filles, mariez-vous,
Tout à votre fantaisie ;
Le bon temps, le temps doux,
C'est celui qu'on était fille.
En ménage l'on apprend
Ce qu' c'est qu' du ménagement.

Au bout d'un an on a un enfant,
C'est leur contenterie.
Au bout d' deux ans on en a deux,
La mère est très-endolorie.
En ménage, etc.

Il y en a qui demand' du pain,
Et l'autre de la bouillie :
Va-t'en donc, méchant enfant,
Bercer celui qui crie.
En ménage, etc.

Ton père qu' est au cabaret,
Mène joyeuse vie,
Et moi qui garde la maison,
Je me plains et m'ennuie.
En ménage, etc.

Ah ! grand Dieu, où est le temps,
Le temps où j'étais fille !
Où est le temps, le bon temps,
Que je n'avais rien à faire !
En ménage l'on apprend
Ce qu' c'est qu' du ménagement.

NOTE.

Voyez : *Chants pop. des provinces de l'Ouest*, t. II, p. 37. *Litt. pop. de la Gascogne*, p. 337.

XIV

L'Héritage

RONDE

(SERROUVILLE)

Mon père z'y m'a mariée
A quinze ans, la belle âge !
La belle âge que c'était.
Me voilà, me voilà, me voilà prise,
Me voilà prise au trébuchet.

Mes parents m'ont venu voir,
M'ont menée z'à l'église,
Je ne savais où j'allais.
Me voilà, etc.

Le curé me dit tout bas :
— Je vous marie, ma fille.
Je ne savais c' qu'il disait.
Me voilà, etc.

Au bout d' neuf mois, tout au plus,
M'y vient un héritage,
L'héritage que c'était !
Me voilà, etc.

J' n'avais ni draps, ni drapeaux,
Ni petites chemises ;
J' n'avais qu'un petit bonnet.
Me voilà, me voilà, me voilà prise,
Me voilà prise au trébuchet.

XV

La Mariée

(MALAVILLERS)

Mon père m'a mariée à l'âge de quinze ans,
Il m'a donné z'un homm' de quatre-vingt-dix ans,
Et moi jeune fillett' comment passer mon temps ?

Le premier jour des noc's, avec moi il coucha,
Il me tourna l'épaule, et puis il s'endorma,
Et moi pauvre fillett' me voilà restée là.

Le matin quand j' m' lèv', chez mon pèr' je m'en vas.
— Ah ! bonjour donc, mon pèr', le bonjour soit à vous,
V' m'avez donné z'un homm' que j' n'aime pas du tout.

— Prends patienc', ma fill', c'est un riche marchand,
Il est souvent malad', bien sûr il en mourra,
Tu seras héritièr' de tout ce qu'il aura.

— Au diable la richess' ! quand l' plaisir n'y est point.
J'aimerais mieux un homme à mon contentement,
Que toute la richess' de ce vieillard marchand.

Un jour quand j' s'rais mort', j' n'emport'rai rien du [tout
Qu'une vieille chemise et un drap par-dessus ;
Voilà la belle morte ! on n'y pensera plus.

NOTE.

A Condé on chante cette chanson avec de légères différences, c'est dans le dernier couplet qu'elles sont le plus marquées:

> Quand je sors de ce monde,
> Je n'emport' rien du tout
> Qu'une simple chemise,
> Par-dessus un drap blanc,
> Voilà tout" la richesse
> De ce vieillard marchand.

On retrouve cette chanson dans les *Chants du Cambresis* (*Mémoires de la Société d'émulation de Cambrai*, t. XXVIII, p. 239).

On pourrait trouver beaucoup de similitudes à ces deux morceaux : telle est une chanson publiée par M. Damase Arbaud, *Chants populaires de la Provence*, p. 151, t. I ; tel est le chant de Pappantonis, traduit par Marcellus (*Chants pop. de la Grèce*, p. 187) ; tel est encore le chant vénitien qui suit :

La dona mal maritata.

> Una giovenina ha tolt un vechio,
> Non la gaveva un'ora di bene,
> Il sole levava, la luna, le stele
> Aloro diceva che era di.

> — Levati suso, la mia sposina,
> Che filaremo un faseto o du,
> — Non posso mica me levare
> D'un grand disgusto avuto da vu.

> Ela si veste e met'su i pani
> E da suo padre se ne va :
> — Chi é chi bate le mie porte ?
> Che xè l'ora de indormire.

> — Ela sara la vostra figlia
> Quela che avete ma' maridà
> — E se la fosse la mia figliola,
> Col suo marito la deve star.

> La torna iudrio per la sua strada
> E al suo marito la xè tornà,
> Quando fu stata su mezza strada,
> In suo marito si è incontrà.
>
> — Da che banda, bela mogliere,
> Sié stà trovare un altro mari?
> — Et se anche fossi stato
> Che travaglio l'avreste vu?
>
> E tuti uceli che vole per l'aria,
> Non sono tuti de un osador,
> E anche i lievori, che son per campana
> Non sono tuti d'un caciador.
>
> Ed anche il pesce che lé in tul mare,
> Non sono tuti d'un pescador sol,
> Ed anche le done mal maritade
> Non sono tute di un uomo sol.
>
> (N° 98, p. 78.)

Un chant de l'Abruzze supérieure peut être comparé à notre chanson, on y remarque ces deux vers qui se rencontrent avec deux des nôtres :

> La prima sair' ch'anniv' a liett'
> Lu vieuh schifos s'adurminta.
>
> (*Canti delle Provincie Meridionali*, t. IV, p. 22, n° IV.)

Voyez encore *Volkslieder aus Venetien*, n° 98; *Chants pop. des provinces de l'Ouest*, t. II, p. 58; *Romancero de Champagne*, t. II, p. 404; *Rivista Europea*, vol. III, juillet 1874; *Canti Monferrini*, n° VIII; *Cansons de la terra*, t. V, p. 81; *Le Parnasse des Muses*, p. 136; *La Comédie des chansons*, acte III, scène II; *Chansons françaises du manuscrit de Florence, Romania*, chanson V.

XVI

La Mal Mariée

RONDE

(BOUSSE)

Mon pèr' m'a donné deux maris,
Et devinez lequel j'ai pris ?
Vraiment, si j' n'ai pas d'amourettes,
J'aurai moins de soucis.

Et devinez lequel j'ai pris ?
J'ai pris le vieux, laissé le jeune !
Vraiment, etc.

Qu'on écorche ces vieux maris,
Ce s'ra pour fair' des souliers gris.
Vraiment, etc.

Je n' les mettrai qu' l' samedi,
Pour balayer les ru's d' Paris.
Vraiment, si j' n'ai pas d'amourettes,
J'aurai moins de soucis.

NOTE.

On chante aussi cette ronde en Bretagne de cette manière :

>   Zeste, zeste,
>   Zeste, oui.
> Je n'ai point d'amourettes,
> Encore moins de soucis.
>
> Mon pèr' m'a donné à choisir
> Entre un jeune et un vieux mari.
>   Zeste, etc.
>
> Pour mon malheur le vieux j'ai pris,
> Pour un peu d'argent que j' lui vis.
>   Zeste, etc.
>
> Maint'nant que l'argent est fini,
> J' voudrais qu'il vînt un édit,
>   Zeste, etc.
>
> Je voudrais qu'il vînt un édit
> Pour écorcher les vieux maris.
>   Zeste, etc.
>
> D' bon cœur j'écorch'rai celui-ci,
> J'enverrai sa peau à Paris.
>   Zeste, etc.
>
> Pour la vendre à médiocre prix ;
> Encor... je la donne à crédit.
>   Zeste, zeste,
>   Zeste, oui,
> Je n'ai point d'amourettes,
> Encore moins de soucis.

Voyez : *Études sur la poésie pop. en Normandie*, p. 35 ; *Rom. de Champagne*, t. II, p. 101 ; *Poésies* de l'Armagnac, p. 85 ; *Chants messins* de Quépat, p. 79.

XVII

Même sujet

RONDE

(CONDÉ)

Mon père m'a mariée,
Il est temps de m'en aller,
Un homm' vieillard il m'a donné.
    Gaillarde brune,
  Il est temps de m'en aller,
  Car j' vois la lune.

Ne sait ni battr', ni vanner,
Il est temps de m'en aller,
Il ne sait qu'à la foire aller.
    Gaillarde brune, etc.

Je m'en vais au bois jouer,
Il est temps de m'en aller,
Avec ces moin's et ces abbés.
    Gaillarde brune,
  Il est temps de m'en aller,
  Car j' vois la lune.

NOTE.

A Bousse, cette ronde offre les différences suivantes :

> Il ne m'a rien rapporté
>
> Qu'un bâton d'amour ferré,
>
> Il dit que c'est pour m'en donner.
>
> S'il me bat, je m'en irai
>
> Avec ces maîtr's et ces valets.

Ces rondes rappellent beaucoup une ronde normande reproduite par M. de Beaurepaire :

> Mon père m'a voulu marier
> A un vieillard bonhomme.
> > La fougère, la belle fougère,
> > La fougère grène, grène
> > La fougère grènera.
>
> Qui n'a ni maille ni denier
>
> Fors un bâton de vert pommier,
>
> De quoi me bat les côtés.
>
> S'il me bat, je m'en irai
>
> Avec les vaillants mariniers,
>
> Ils m'apprendront le jeu de dés,
>
> Le jeu de cart's après souper, etc.

On trouve aussi dans le *Romancero de Champagne* beaucoup de chansons qui ressemblent plus ou moins à celles que nous avons réunies ici et qui ont le mariage pour objet. (Voir cette collection, t. II, p. 101 et suivantes.)

XVIII

La Saint-Jean d'été

RONDE

(MALAVILLERS)

Voici la Saint-Jean et la Saint-Pierre,
Voici la Saint-Jean d'été,
Mon père m'a mariée,
Un vieillard il m'a donné.
Voici la Saint-Jean et la Saint-Pierre,
Voici la Saint-Jean d'été.

Ne sait ni battre ni vanner,
Voici la Saint-Jean d'été,
Il ne sait qu'aux foires aller.
Voici la Saint-Jean d'été,
Voici la Saint-Jean et la Saint-Pierre,
Voici la Saint-Jean d'été.

Il n'a su que me rapporter,
Voici la Saint-Jean d'été,
Un bâton d'amour ferré.
Voici la Saint-Jean d'été,
Voici la Saint-Jean et la Saint-Pierre,
Voici la Saint-Jean d'été.

Encor, dit-il, qu' c'est pour m'en donner.
Voici la Saint-Jean d'été,
Voici la Saint-Jean et la Saint-Pierre,
Voici la Saint-Jean d'été.

NOTE.

A Varize on chante une ronde qui a des ressemblances avec cette pièce et quelques-unes des précédentes, mais le rhythme est différent. Voici le premier couplet de cette ronde :

> Si mon père m'a mariée,
> Laissez tourner le moulin,
> Un homme vieillard il m'a donné
>   Tantôt,
> Laissez tourner le moulin...

XIX

Le Mari jaloux

RONDE

(BOUSSE)

Il y a un homm' dans not' village,
De sa femme il est jaloux.
Il est au bois le coucou,
Il chante tous les jours.

Si l'on en croit les bavardages,
A tort il n'est pas jaloux.
Il est au bois, etc.

Il a pris sa femme
Et sur sa hotte, emportée.
Il est au bois, etc.

— Où vas-tu, méchant homme,
Avec ta femm' sur ton dos ?
Il est au bois, etc.

— Je m'en vais la porter à vendre,
Monsieur, l'ach'teriez-vous ?
Il est au bois, etc.

Elle m'a coûté cinq cents livres,
Je la laisse pour cent sous.
Il est au bois, etc.

De cent sous on rabat à trente,
De trente on rabat à cinq sous.
Il est au bois, etc.

Si elle n' vous est pas commode,
Vous la ram'nerez chez nous.
Il est au bois, etc.

Je la mettrai dans un coffre,
J' l'attach'rai après l' verrou.
Il est au bois, etc.

Je prendrai un' botte d' paille
Et je mettrai l' feu dessous.
Il est au bois le coucou
Et chante tous les jours.

NOTE.

V. *Litt. pop. de la Gascogne*, p. 293. *Chants des provinces de l'Ouest*, t. II, p. 42.

XX

La Jardinière

RONDE

(MALAVILLERS)

Vous autres, bons hommes,
Qui plantez des choux
    Tous les jours,
Ne prenez pas d' femme
Plus belle que vous ;
La dondaine, tous les jours.

Car j'en ai pris une,
Elle me rend fou
    Tous les jours.
Ell' s'en va le soir,
Et n' revient qu'au jour ;
La dondaine, tous les jours.

Dites-moi, ma femme,
Irai-je avec vous
    Tous les jours ?
Non, certes, dit-elle,
Vous gâteriez tout ;
La dondaine, tous les jours.

L' cerfeuil et l' persil,
Les pois et les choux,
Tous les jours.
La blanch' chicorée,
Mes amours et tout ;
La dondaine, tous les jours.

NOTE.

V. *Chants pop. des provinces de l'Ouest*, t. II, p. 75.

XXI

La Méchante Femme

RONDE

(SERROUVILLE)

Quand j'étais chez mon père,
Garçon à marier, voyez,
Je n'avais rien à faire
Qu'une femme à chercher, voyez.
Hélas ! pourquoi me mariait-on ?
J'étais si aise étant garçon.

A présent j'en ai z'une
Qui me fait enrager, voyez ;
Si j'y reviens du bois,
Bien crotté, bien mouillé, voyez,
Je m'assois sur la porte,
Sans y oser entrer, voyez.
Hélas ! etc.

— Rentre, gros lourdaud, rentre,
Et va-t'en te chauffer, voyez ;
Les os sont sous la table,
Et va-t'en les ronger, voyez.
Y a du fumier dans l'étable,
Et va-t'en t'y coucher, voyez.
Hélas ! etc.

NOTE.

Dans les *Chants pop. de la Grèce*, traduits par M. de Marcellus (p. 243), Madame Mariola est encore une plus méchante femme que celle dont il vient d'être question et que celle dont il est parlé dans la chanson suivante : *le bon Mari*.

« — Ah! Madame Mariola, votre mari a faim. — Ah! s'il a faim, que m'importe ? La danse me plaît par-dessus tout. Quand je déchirerais mes souliers, je ne quitterais pas la danse. Le pain est sur le plancher du grenier, qu'il aille en prendre s'il lui plaît. »

Madame Mariola n'est pas même émue par la mort de son mari, qui termine la chanson :

« — Ah! Madame Mariola, votre mari est mort. — Eh! s'il est mort, que m'importe ? La danse me plaît par-dessus tout. Quand je déchirerais mes souliers, je danserais encore. Que les pleureuses le pleurent et que les prêtres viennent l'enterrer. »

XXII

Le Bon Mari

(MONTOY)

Oh ! qu' les femmes sont bêtes
D'obéir à leurs maris ;
J'en ai un comme les autres,
J' l' commande à mon plaisir.

Le matin, quand je me lève,
Je r'commande à mon mari
De bien balayer la chambre,
Proprement refair' mon lit.

Quand j' m'en vais à la messe,
J' r'commande à mon mari
De s'en aller à la ville
Me chercher de bon bouilli.

Quand j' reviens de la messe,
Je commande à mon mari
De bien me mettre la table,
De promptement me servir.

Quand je m'en vais à la danse,
Je commande à mon mari
D'apporter une lanterne,
Mon manteau pour me couvrir.

— Madam' qu' vous êt's heureuse
D'avoir un pareil mari ;
Faisons-le monter en ces chambres
Avec nous se divertir.

— Non, non, messieurs et dames,
N'est pas pour vous mon mari.
J'ai du vin dedans ma cave
Pour y boire et mes amis ;
J'ai de l'eau dans la citerne
Pour y boire mon mari.

NOTE.

A Malavillers on a une variante de cette chanson ; là elle a le refrain suivant :

> Mon p'tit cœur vit à son aise,
> Mon p'tit cœur vit sans souci.

Le dernier couplet de cette autre version est tel qu'il suit :

> Par ma foi ! dit la voisine,
> Voilà un gentil mari,
> Si j'avais du vin en verre,
> Je choquerais avec lui.
> Mon p'tit cœur vit à son aise,
> Mon p'tit cœur vit sans souci.

Cf. avec *Chants pop. des provinces de l'Ouest*, t. II, p. 80, *Nouveau Recueil des plus belles chansons et airs de ce temps*, nos V et XI, Gautier Garguille, p. 272 ; *Chants pop. des Flamands de France*, p. 296.

XXIII

Le Petit Mari

(MALAVILLERS)

Mon pèr' m'a donné un mari,
    Frère Henri,
Il me l'a donné si petit,
    Frère Henri,
Que je l'ai perdu dans mon lit,
    Frère Henri,
J'ai brûlé la paillass' d' mon lit,
    Frère Henri,
J'ai trouvé mon mari rôti,
    Frère Henri,
Sur une assiette je l'ai mis,
    Frère Henri,
Les diables de chats me l'ont pris,
    Frère Henri.
Croyant qu'c'était une souris,
    Frère Henri.

NOTE.

Cette chanson est l'altération d'une vieille ronde que les enfants chantent encore et qui commence ainsi :

    Mon pèr' m'a donné un mari,
      Mon Dieu, quel homme,
      Quel petit homme !

> Mon pèr' m'a donné un mari,
> Mon Dieu, quel homme,
> Qu'il est petit! etc., etc.
>
> (*Les Chansons d'autrefois*, p. 383.)

Dans le *Roman comique* de Scarron, La Rancune applique à Ragotin un couplet presque semblable, ce qui donne au *Petit Mari* une date déjà assez ancienne : « Messieurs, j'avais toujours cru, dit La Rancune, que ce que dit Ovide de la métamorphose des fourmis en pygmées était une fable, mais à présent je change de sentiment; car sans doute en voici un de la race ou bien ce petit homme ressuscité, pour qui l'on a fait, il y a environ sept ou huit cents ans, une chanson que je suis résolu de vous dire, écoutez bien :

> Mon père m'a donné un mari,
> Qu'est-ce que d'un homme si petit ?
> Il n'est pas plus grand qu'une fourmi.
> Hé ! qu'est-ce ? qu'est-ce ? qu'est-ce ? qu'est-ce ?
> Qu'est-ce que d'un homme,
> Qu'est-ce que d'un homme si petit ? »
>
> (*Roman comique*, IIIe partie, chap. III.)

M. Tarbé a publié (*Romancero de Champagne*, t. II, p. 111) deux leçons du *Petit Mari* et une chanson du même genre : le *Petit Fiancé*. On lit une version du *Petit Mari* dans la *Revue de la Franche-Comté*, t. Ier, p. 36.

A Retonféy on chante le *Petit Mari* avec des variantes et un autre refrain :

> Mon père m'a donné z'un mari,
> Ah ! le bonhomme,
> Il me l'a donné si petit,
> Tant que tu carillonnes,
>   Louis,
> Tant que tu carillonnes, etc.

Voir aussi *Chants populaires de la Provence*, t. II, p. 179; *Chants pop. des provinces de l'Ouest*, t. II, p. 44; *Canti toscani*, p. 280. Le manuscrit des *Poésies populaires de France* contient beaucoup de variantes de cette chanson si répandue. Dans les

Bigarrures et Touches du Seigneur des Accords (édition de MDCXLVIII, p. 67 de la quatrième partie) on lit plusieurs pièces de vers sur Migrelin qui, quand il naquit :

>..... N'avait la corpulence
> Pas plus grosse qu'un ciron,

et dont le berceau fut fait d'un noyau de cerise.

> Le jour des noces, l'épousée
> De Migrelin, toute éplorée,
> Se lamentoit ne trouvant pas
> Son mari caché dans les draps.
>
> (P. 70.)

XXIV

Le Petit Baron

(ARS-LAQUENEXY)

Mon pèr' m'a mariée
Avec un baron,
Il est si petit
Qu'à peine le voit-on.
Je suis joliette,
Que n' m' marie-t-on.

Il s'en va-t'au bois
Couper des buissons.
Il y a t'un ruisseau
Dessous les buissons.
Je suis, etc.

Mon mari va s' baigner
Dans l' ruisseau coulant ;
Mais v'là qu'en s'y baignant,
Mon mari s'est noyé.
Je suis, etc.

Il s'y est noyé,
Nous l'enterrerons,
Mais au lieu de cloches
On prendra les violons.
Je suis joliette,
Que n' m' marie-t-on.

XXV

Le Mari acheté

(BOUSSE)

Mon pèr' m'envoya au marché
    De si bonne grâce,
C'est pour un mari acheter.
Tout le monde a des amours,
    Je m'en passe.

Le premier que j'ai marchandé
    De si bonne grâce,
On me l'a fait six deniers.
Tout le monde, etc.

Je l'ai mis dans mon panier
    De si bonne grâce,
Mon panier était percé, mon mari s'est sauvé.
Tout le monde, etc.

Je n'ai pas couru après
    De si bonne grâce,
Pour les homm's il y en a assez.
Tout le monde, etc.

On les jette sur les fumiers
    De si bonne grâce,
Et les filles sous les rosiers.
Tout le monde, etc.

XXVI

La Vieille

A soixante et dix ans
Il me vint un amant
Me d'mander en mariage.
A soixante et dix ans
Il me vint un amant
Qu' en avait tout autant

Malgré mes parents,
De consentement
Je me mis en ménage.
Malgré mes parents,
De consentement,
A présent j'·m'en repens.

L'on fit carillon
Autour de ma maison
Avec chaudrons et marmites.
L'on fit carillon
Autour de ma maison
Avec chaudrons et poêlons.

L'on fit un grand bruit,
Un charivari,
Qui me cassa la tête.
L'on fit un grand bruit,
Un charivari,
Qui dura toute la nuit.

Le lendemain,
Je lui dis : mon ami [1],
. . . .
. . . .
Est-ce c' qué tu m'as promis ?
Il se lève aussitôt
Sans me répondre un mot.

Il me vient des enfants
Qui m'appellent maman,
Qui n' sont point de ma personne ;
Il me vient des enfants
Qui m'appellent maman,
Qui m' caus'nt bien du tourment.

J'ai beau me parer,
Beau me bichonner,
J'ai toujours l'air d'une vieille !
J'ai beau me parer,
Beau me bichonner,
J'ai toujours la peau ridée !

Jeunes filles de quinze ans,
Qui voulez des amants,
N'attendez point à mon âge.
Jeunes filles de quinze ans,
Qui voulez des amants,
N'attendez pas si longtemps.

---

1. Lacune.

XXVII

Le Bien vient en dormant

(ARS-LAQUENEXY)

L'autre jour, en me promenant
Le long de ces grands bois charmants,
J'ai aperçu ma belle amie dormant.
Tout dou, tout doucement,
Qu'elle dormait à son aise,
Que l'on est bien content
Quand on dort doucement,
Tout dou, tout doucement !

J' lui donnai un baiser charmant,
Tout dou, tout doucement.
— Vous êtes un insolent,
On n'embrass' pas les fill's dormant,
On les réveille auparavant,
Tout dou, tout doucement ;
Le plaisir est plus charmant,
Tout dou, tout doucement.

XXVIII

La Jeune Fille

RONDE

(RETONFÉY)

A Paris, sur la Rochelle,
    Sautez,
Il y a trois demoiselles,
    Sautez,
Sautez, sautez, demoiselles.

Il y a trois demoiselles,
    Sautez,
La plus jeune est la plus belle,
    Sautez,
Sautez, sautez, demoiselles.

La plus jeune est la plus belle,
    Sautez,
Elle se coiffe à la chandelle,
    Sautez,
Sautez, sautez, demoiselles.

Elle se coiffe à la chandelle,
    Sautez,
Son petit frèr' qui est près d'elle,
    Sautez,
Sautez, sautez, demoiselles.

Son petit frèr' qui est près d'elle,
    Sautez,
— Ah ! ma sœur que vous êtes belle !
    Sautez,
Sautez, sautez, demoiselles.

Ah ! ma sœur, que vous êtes belle !
    Sautez,
— A quoi la beauté sert-elle ?
    Sautez,
Sautez, sautez, demoiselles.

A quoi la beauté sert-elle ?
    Sautez,
— Ell' sert pour êtr' mariée ;
    Sautez,
Sautez, sautez, demoiselles.

Ell' sert pour êtr' mariée,
    Sautez,
— Dans un an je serai morte,
    Sautez,
Sautez, sautez, demoiselles.

Dans un an je serai morte,
    Sautez,
Si je meur' que l'on m'enterre,
    Sautez,
Sautez, sautez, demoiselles.

Si je meur' que l'on m'enterre,
    Sautez,
Dessous un rosier de roses,
    Sautez,
Sautez, sautez, demoiselles.

Dessous un rosier de roses,
>Sautez,
Les garçons viendront aux roses,
>Sautez,
Sautez, sautez, demoiselles.

Les garçons viendront aux roses,
>Sautez,
Prieront pour la bell' qu'est morte,
>Sautez,
Sautez, sautez, demoiselles.

NOTE.

M. de Vellecour, à qui ce recueil doit tant, m'a remis une autre leçon de cette ronde ; la fin offre surtout des variantes, et le rhythme est différent.

— Ma sœur, que vous êtes belle, sautez.
— A quoi donc sert tant de beauté ?
— Cela sert à se marier,
Sautez, sautez, mesdemoiselles, sautez.

— L'an prochain, vous le serez, sautez,
— L'an prochain, je serai morte, sautez,
Sautez, sautez, mesdemoiselles, sautez.

On m'enterrera dans la cour, sautez,
Dans la cour sous le rosier, sautez,
Sautez, sautez, mesdemoiselles, sautez.

Celui qui cueillera la rose, sautez,
Priera Dieu pour la pauvre morte, sautez,
Sautez, sautez, mesdemoiselles, sautez.

M. Ampère a donné, dans les *Instructions sur la Poésie populaire*, une autre version de cette chanson ; voici les premiers vers de cette variante :

A Paris, à la Rochelle, ah ! sous le bois !
>Ah ! sous le bois,
>Sous la feuille nouvelle,

On a vu trois demoiselles, ah ! sous le bois !
La plus jeune est la plus belle, ah ! sous le bois !
Sa mér' la coiffe à la chandelle, ah ! sous le bois, etc.

Cette singulière chanson existe aussi en Normandie; la fin est un peu différente :

> Si je meure que l'on m'enterre,
> Que ce ne soit ni roc ni terre,
> Mais dedans un coffret de roses.
> Sur ma tombe que l'on y plante
> Un rosier de roses blanches,
> Les écoliers qui vont aux ordres
> Y prieront Dieu pour la belle,
> Pour la belle morte d'amourette.
>
> (*Étude sur la poésie populaire en Normandie*,
> par E. de Beaurepaire, p. 49.)

Cette conclusion fait, du reste, souvenir de quantité de vers populaires de divers pays. On la retrouve à la fin d'une canzone piémontaise :

> An sima a cula tomba,
> Piantran dle rose e fior,
> Tüta la gent ch'a j passa,
> Diran : l'e mort la bela,
> L'e morta per amor.
>
> (*Canzoni popolari del Piemonte*, fasc. VI, p. 196.)

On rencontre le même dénouement dans une chanson vénitienne :

> Tuti quei che passeranno,
> Dira : che bon odor !
> El xe'l fior de Rosetina
> Che xe morta per amor.

Une chanson connue dans une partie de la France sous le nom de *Pernette*, et dans la Provence sous celui de *Fanfarneto*, offre encore à peu près la même idée, ainsi qu'un délicieux chant breton : le *Miroir d'argent* (*Barzas Breiz*, t. II, p. 381.)

Voir encore *Canti Monferrini*, n° 29; *Obser. sobre la poesia pop.*, p. 111; *Canzoni comasche*, p. 675; *Chants pop. de la Provence*, t. I, p. 11; *Chants pop. des prov. de l'Ouest*, t. II, p. 188.

XXIX

Les trois Coups de Gant

RONDE

(MALAVILLERS)

Le long de ces ruisseaux coulant,
J'ai trouvé ma mie z'en dormant,
Réveillez-vous, bell', diligentement,
Tout diligent, diligent, bergère,
Tout diligent, diligentement.

J'ai trouvé ma mie z'en dormant,
Je lui ai donné trois coups d' gant,
Réveillez, etc.

— Ami, pourquoi me bats-tu tant?
— Ce sont tes amours que j' prétends,
Réveillez, etc.

— Ils ne sont pas pour toi, galant,
C'est pour le fils d'un président,
Réveillez, etc.

Qui a tant d'or et tant d'argent
Et des culott's à l'avenant,
Réveillez, etc.

XXX

Les trois Sœurs

RONDE

(MALAVILLERS)

Nous sommes à trois sœurs,
Tout's trois d'un château.
Mon père nous fit faire
A chacune un manteau,
  Et de violette
Un joli manteau doublé d'amourette.

J'étais la plus jeune,
J'ai eu le plus beau,
J'ai dit à mon père :
— Un mari me faut;
  Et de violette
Un joli manteau doublé d'amourette.

— Attendez, ma fille,
Jusqu'au renouveau,
Nous aurons du blé,
Du vin au tonneau,
  Et de violette
Un joli manteau doublé d'amourette.

Nous ferons la tarte
Et le chaud gâteau,
Nous boirons bouteille
Et pot s'il le faut ;
Et de violette
Un joli manteau doublé d'amourette.

Nous donn'rons le bal
Dans nos chambr's en haut,
Y aura des basques
Et des violons,
Pour faire danser
Et fill's et garçons ;
Et de violette
Un joli manteau doublé d'amourette.

XXXI

Le Doigt malade

RONDE

(BOUSSE)

J'ai mal au petit doigt,
    Il y a longtemps,
Personne n' l' peut guérir
    Avant sept ans.
Hélas! comment vous aim'rais-je,
    Hélas! comment?

Personne n' l' peut guérir
    Avant sept ans,
Si ce n'est mon ami Pierre
    Au bout d'un an.
Hélas! etc.

Il m'a acheté chaîn' d'or,
    Anneau d'argent,
Je n'ose les porter,
    Crainte des gens.
Hélas! etc.

— Porte-les, ma belle,
  Bien hardiment ;
Tous ceux qui en parleront
  N'en ont pas tant.
Hélas ! etc.

Tous les garçons d'à présent
  Sont si pimpants,
Ils regard'nt le pot bouillir,
  Il n'y a rien d'dans.
Hélas ! etc.

Si ce n'est un gros caillou,
  S'en va nageant ;
S'il y a un petit bout de lard,
  C'est pour l'enfant.
Hélas ! etc.

S'il y a un petit bout de reste,
  La mèr' le prend ;
Le pèr', qui est au coin du feu,
  Qui tend les dents.
Hélas ! etc.

NOTE.

A Retonféy on chante cette chanson avec des variantes qui se multiplient aux derniers couplets :

Les garçons de c' village
  Sont si pimpants,
Qu'ils mettent des clous dans leurs poches
  Au lieu d'argent ;
— Va-t'en, vole, mon joli cœur, légèrement.

S'en vont auprès des filles
　　Toujours sonnant,
Mais quand ils sont mariés,
　　Sont si dolents.
— Va-t'en, etc.

Ils s'assoient au coin du feu
　　Dessus un banc,
Regardant le pot bouillir
　　Et rien dedans.
— Va-t'en, etc.

Et si nié in pia mou d' bacon,
　　Çio po l'afant,
Et si nié in pia mou d' rèhe,
　　La mèr' l' prend.
— Va-t'en, etc.

Et si nié in pia mou d' rèhe,
　　La mère le prend,
Lo père qu'a dans l' coin don fu
　　Qu'en chègne des dents.
— Va-t'en, etc.

XXXII

Ronde

(MALAVILLIERS)

Là-haut, là-bas dans les champs,
Bergère, allons gaîment,
Où l'y a beaucoup d'amants,
Tant pis, tant mieux, tant joliment.
Bergère, allons gué, ô gué !
Bergère, allons gaîment.

Le plus jeune c'est mon amant,
Bergère, allons gaîment,
Il me dit en souriant :
Tant pis, tant mieux, tant joliment,
Bergère, allons gué, ô gué !
Bergère, allons gaîment.

Il me dit en souriant :
Bergère, allons gaîment,
Marions-nous, car il est temps,
Tant pis, tant mieux, tant joliment,
Bergère, allons gué, ô gué !
Bergère, allons gaîment.

Tout mari que femme prend,
Bergère, allons gaîment,
N'a qu'à dire adieu bon temps,
Tant pis, tant mieux, tant joliment,
Adieu bon temps, c'est pour longtemps,
Tant pis, tant mieux, tant joliment,
Bergère, allons gué, ô gué !
Bergère, allons gaîment.

XXXIII

Le Coucou

(VERNÉVILLE)

C'est derrièr' chez nous
Un coucou l'y a ;
Il dit tous les jours
Qu'il s'envolera.
A pris sa volée,
Vous n' m'entendez mie,
Au bois il s'en va,
Vous n' m'entendez pas.

Sur une aubépine
Il s'y reposa ;
L'épine était sèche,
Elle se brisa,
Vous n' m'entendez mie,
Sur terre il tomba,
Vous n' m'entendez pas.

La terre était dure,
Par là il passa,
Passa d'aventure,

Trois jolis soldats.
Vous n' m'entendez mie,
Et l'un lui parla,
Vous n' m'entendez pas.

Un d'eux lui d'mande :
Quel village est-c' ça ?
Ci est Vernéville,
Ne l' voyez-vous pas ?
Vous n' m'entendez mie,
Dit-il au soldat,
Vous n' m'entendez pas.

Ci est Vernéville,
Ce village-là.
L'y a de bell's filles
Qui demeurent là,
Vous n' m'entendez mie,
Vous n' les aurez pas,
Vous n' m'entendez pas.

NOTE.

Le Médecin Raton, inséré dans le *Romancero de Champagne*, t. II, p. 243, rappelle beaucoup cette chanson assez connue. Le médecin Raton commence ainsi :

> Au jardin de mon père
> Un bel oiseau y a,
> Un bel oiseau dans la volette,
> Un bel oiseau y a.
>
> Le bel oiseau s'envola
> Dessus un chêne au bois,
> La branche étant séchée,
> Le bel oiseau tomba.

Le Clocher de Vault des *Chants populaires du Cambrésis*, p. 280, offre une chanson analogue.

XXXIV

Salmigondis

(VERNÉVILLE)

Je suis entré dans notr' jardin,
Amour, tu n'entends point,
C'est pour cueillir le romarin,
Amour, tu n'entends point.
Je n'en ai pas cueilli trois brins,
Voilà le rossignol qui vient,
Le bout de la rue fait le coin.

Vive l'amour de ma maîtresse !
Amour, tu n'entends point,
Le bout de la rue fait le coin.
Il dit dans son charmant latin :
Vive l'amour de ma maîtresse !
Amour, tu n'entends point,
Le bout de la rue fait le coin.

Fillettes, ne vous mariez point,
Car tous ces homm's ne valent rien,
Amour, tu n'entends point,

Le bout de la rue fait le coin.
Et ces garçons val'nt encore moins,
Amour, tu n'entends point,
Le bout de la rue fait le coin.

Et ces garçons val'nt encor moins,
On en donn' quinz' pour un pot de vin,
Amour, tu n'entends point,
Le bout de la rue fait le coin.
Encor les fill's n'en veul'nt-ell's point,
Amour, tu n'entends point,
Le bout de la rue fait le coin.

XXXV

Le Bedeau de Saint-Gille

RONDE

(MALAVILLERS)

C'est le bedeau de Saint-Gille
Qui a marié sa fille
Avec un marchand d' sabots.
Berdondaine, berdondot.

Il lui donne en mariage
La moitié d'un blanc fromage ;
Encore, dit-il, que c'est trop.
Berdon, berdon, berdondaine,
Berdondaine, berdondot.

Quand y vont pour mett' la nappe,
Les pous couraient quatre à quatre
Et les puc's au grand galop.
Berdondaine, berdondot.

Au dîner l'y avait des pois,
Chacun s'en reléchait les doigts ;

La mariée léchait les pots.
Berdon, berdon, berdondaine,
Berdondaine, berdondot.

Au souper l'y avait des prunes,
Ils étiont à quat' pour une,
Et la mariée eut l' noyau.
Berdondaine, berdondot.

Au goûter l'y avait du vin,
* Mais des verr's n'y avait point :
Chacun buvait dans son sabot.
Berdon, berdon, berdondaine,
Berdondaine, berdondot.

Quand si vient pour le coucher,
Quatre à quatr' sur le plancher,
La mariée sur les fagots.
Berdondaine, berdondot.

Quand si vient vers le minuit,
La mariée p.... au lit :
C'était faute d'avoir un pot.
Berdon, berdon, berdondaine,
Berdondaine, berdondot.

Le marié fut plus honnête :
Il p.... par la fenêtre,
Sur la têt' du grand prévôt.
Berdon, berdon, berdondaine,
Berdondaine, berdondot.

NOTE.

Dans le village de Bousse, on chante une variante de cette ronde. Elle commence ainsi :

> Mon voisin a marié sa fille,
> Grosse, grasse et sans maladie,
> Riguingo, riguinguette,
> Avec un marchand d' fagots,
> Riguinguette, riguingo.

A Varize et à Condé, on chante deux versions différentes de ces couplets satiriques.

XXXVI

Le Rival

(BOUSSE)

Un jour à Paris,
En buvant bouteille,
Il m'a pris envie
D'aller voir ma belle.
Bon, bon, si l'amour vous gêne,
    Non, non.

J'ai pris mon cheval,
Suis sauté en selle,
J'ai pris le chemin
Qui conduit chez elle.
Bon, etc.

Mon rival j'ai trouvé
Assis près d' la belle,
Il voulut se l'ver
Pour me faire asseoir.
Bon, etc.

— Reste, beau rival,
Assis près de la belle ;
Tu n'auras jamais
Ce que j'ai eu d'elle.
Bon, etc.

NOTE.

Cf. avec la pièce III des *Poésies de l'Armagnac*.

XXXVII

Ronde

(BOUSSE)

Mon père a fait bâtir maison
Sur le bord d'un' fontaine.
A l'amour n'y a pas de leçon,
Ç'la s'apprend de soi-même.

Les ouvriers du roi y sont,
A l'amour, etc.

Plus il y en a et moins ils font.
A l'amour, etc.

— Oh! mes fill's, promettez-moi donc,
A l'amour, etc.

Qu' vous n'aim'rez jamais les garçons.
A l'amour, etc.

— J'estim'rais mieux que la maison,
A l'amour, etc.

Soit embrasée en un charbon,
A l'amour, etc.

Et vous, mon père, au plus profond,
A l'amour, etc.

Et vous, ma mèr', sur son giron.
A l'amour, etc.

— Qui a composé ce rond ?
Ce sont trois jolis garçons,
Pour plaire aux filles du canton.
A l'amour, etc.

XXXVIII

L'Allemande

RONDE

(SERROUVILLE)

Voici la Saint-Jean,
Que les jours sont grands,
    L'Allemand.
Mon père m'a fait faire
Un beau jupon blanc,
    L'Allemand,
    L'Allemande,
Je suis Allemande,
    L'Allemand,
  Fille d'Allemande.

Mon père m'a fait faire
Un beau jupon blanc,
    L'Allemand,
Trop court par derrière,
Trop long par devant,
    L'Allemand, etc.

Trop court par derrière
Trop long par devant,
 L'Allemand.
Et je ne le mets
Que trois fois par an,
 L'Allemand, etc.

Et je ne le mets
Que trois fois par an,
 L'Allemand,
Pâques et Pentecôte,
A la grand' Saint-Jean,
 L'Allemand,
 L'Allemande,
Je suis Allemande,
 L'Allemand,
Fille d'Allemande.

NOTE.

Calbain est un bon homme qui, dans une vieille farce (*Ancien Théâtre-Français*, publié par M. Violet-Leduc, t. II, p. 148), répond toujours aux demandes de sa femme par quelques fragments de chansons. On trouve dans ces réponses quatre vers qui ressemblent beaucoup au refrain de la chanson précédente :

  Je suis Allemande,
  Friscande, gallande,
  Je suis Allemande,
  Fille d'un Allemand.

XXXIX

Les Filles de Lorry

RONDE

(MALAVILLERS)

Ce sont les filles de Lorry,
  Tra la, ah ! tra la la,
Ce sont les filles de Lorry,
  Elles sont gentilles,
  Elles sont gentilles,
    O gué !
Elles sont bien gentilles.

Elles s'en vont au cabaret,
  Tra la, ah ! tra la la,
Elles s'en vont au cabaret
  Boire chopine,
  Boire chopine,
    O gué !
Boire chopine.

Ell's ont bu dix-huit pots d' vin,
  Tra la, ah ! tra la la,
Ell's ont bu dix-huit pots d' vin

Et une bouteille,
Et une bouteille,
   O gué !
Et une bouteille.

L'ont mangé dix-huit jambons,
   Tra la, ah ! tra la la,
L'ont mangé dix-huit jambons
   Et une saucisse,
   Et une saucisse,
     O gué !
   Et une saucisse.

L'ont mangé quatorze pains blancs,
   Tra la, ah ! tra la la,
L'ont mangé quatorze pains blancs
   Et une miche,
   Et une miche,
     O gué !
   Et une miche.

Ell's ont tout's monté en haut,
   Tra la, ah ! tra la la,
Ell's ont tout's monté en haut,
   Pour faire leur compte,
   Pour faire leur compte,
     O gué !
   Pour faire leur compte.

Ell's avaient tout's de l'argent,
   Tra la, ah ! tra la la,
Ell's avaient tout's de l'argent,
   N'y a que la petite,

N'y a que la petite,
　O gué !
N'y a que la petite.

L'hôtesse lui prit son jupon,
　Tra la, ah ! tra la la,
L'hôtesse lui prit son jupon
　Et sa chemise,
　Et sa chemise,
　　O gué !
　Et sa chemise.

Son amant passa par là,
　Tra la, ah ! tra la la,
Son amant passa par là,
　Se mit à rire,
　Se mit à rire,
　　O gué !
　Se mit à rire.

— Oh ! rendez-lui son jupon,
　Tra la, ah ! tra la la,
Oh ! rendez-lui son jupon
　Et sa chemise,
　Et sa chemise,
　　O gué !
　Et sa chemise.

C'est moi qui paira l'écot,
　Tra la, ah ! tra la la,
C'est moi qui paira l'écot
　De la petite,
　De la petite,
　　O gué !
　De la petite.

NOTE.

Cette chanson existe en Champagne avec quelques différences; il ne s'y agit plus, bien entendu, des *Filles de Lorry*, mais des *Filles de chez nous*. M. Tarbé a publié cette autre rédaction sous le titre de la *Jeune fille dans l'embarras*, p. 266, t. II, du *Romancero de Champagne*. Dans le recueil qu'a bien voulu nous prêter M. Auricoste de Lazarque, ce sont les *Filles de Châlons* qui sont en jeu.

On remarque aussi une chanson à peu près semblable dans les *Recherches sur le patois* de M. Fallot ; elle finit ainsi :

> Quelle aivin tretou de l'ordgent,
> Mai que lai Cathrine,
> Rintintin tradrala.
> Prente li son godillon
> E peu sai tschemise.

> Son aimant pessei poi li
> Se mit a rire,
> Rintintin tradrala,
> Rente li son godillon
> E peu sai tschemise, etc.

Voir encore *Chants pop. des provinces de l'Ouest*, t. II, p. 337; *Littérature pop. de la Gascogne*, p. 451 ; *Poésies pop. de l'Armagnac*, n° XXV ; une chanson du Forez : *Romania*. t. IX, p. 551. M. Auricoste de Lazarque nous apprend que dans la *Jeune Mercière*, comédie de Legrand, jouée à Lyon en 1694, on fait allusion à une aventure de ce genre :

> Oui, messieurs leurs galants les laissent en otage,
> Pour payer leur repas elles mirent en gage
> Une bague, un collier, un cotillon fort beau,
> Ne pouvant pas trouver crédit chez Funereau.

XL

L'Alouette et le Pinson

RONDE

(SERROUVILLE)

L'alouette et le pinson
Si sont voulu marier,
Mais la veille de leur noce,
N'ayant pas un brin de pain,
    L'alouette fit : Falurette,
    Le pinson fit : Faluron.

Par là y passe un gros pigeon,
Dans son bec un gros pain blanc.
    L'alouette, etc.

— Voilà que nous avons du pain,
Mais d' la viande j'en avons point.
    L'alouette, etc.

Par là y passe un noir corbeau,
Dans son bec un gros gigot.
    L'alouette, etc.

— Voilà que nous avons d' la viande,
Mais du vin comment en prendre ?
L'alouette, etc.

Par là y passe une souris,
Sur son dos un gros baril.
L'alouette, etc.

En descendant du grenier,
Le tambour gagnait z'au pied.
L'alouette fit : Falurette,
Le pinson fit : Faluron.

NOTE.

Cette chanson existe aussi, avec peu de différence, dans le Cambrésis, p. 283 des *Chants populaires du Cambrésis*, dans le t. XXVIII des *Mémoires de la Société d'émulation de Cambrai*.

Voyez encore *Chants pop. des provinces de l'Ouest*, t. I, p. 38 ; *Cansons de la terra*, t. V, p. 257 ; *Canti Monferrini*, n° 100 ; *Littérature populaire de la Gascogne*, p. 377 ; les *Chants historiques de l'Ukraine*, n° 10. Huit chansons sur des mariages d'oiseaux ont été envoyées au Comité de la langue. Elles font partie de la collection manuscrite de la Bibliothèque nationale.

XLI

Même sujet

RONDE

(MALAVILLERS)

L'alouette et le pinson,
Tous deux se sont mariés ;
Le lendemain de leur noce,
N'avaient pas de quoi manger.
    Alouette,
  Ma tourlourisette,
    Mon oiseau,
  Que tout lui faut !

Par ici passe un lapin,
Sous son bras tenait un pain.
    Alouette, etc.

Mais du pain nous avons trop,
C'est d' la viand' qu'il nous faut.
    Alouette, etc.

Par ici passe un corbeau,
Dans son bec tient un gigot.
    Alouette, etc.

Mais d' la viand' nous avons trop,
C'est du bon vin qu'il nous faut.
    Alouette, etc.

Par ici passe un' souris,
A son cou pend un baril.
    Alouette, etc.

Mais du vin nous avons trop,
C'est d' la musiq' qu'il nous faut.
    Alouette, etc.

Mais d' la musique avons trop,
Et c'est d' la dans' qu'il nous faut.
    Alouette, etc.

Par ici passe un gros rat,
Un violon tient sous son bras.
    Alouette, etc.

— Serviteur la compagnie,
N'y a-t-il pas de chat ici ?
    Alouette, etc.

— Entrez donc, maître à danser,
Notre chat est au grenier.
    Alouette, etc.

Mais l' chat descend du grenier,
Et aval' l' maître à danser.
    Alouette, etc.

XLII

L'Indifférent

(RÉMILLY)

— Nicolas, c'est demain ta fête,
Tu auras un baiser pour bouquet ;
De fleurs j'ornerai ta tête,
Tu m'attendras dans le bosquet.
— Attendez-moi, n' m'attendez pas,
Ça m'est égal, mam'zelle,
Si vous m'aimez, je n' vous aime pas,
Laissez-moi donc planter mes pois.

— Nicolas, par quelle route
Vais-je prendre mon chemin ?
Si tu n' me donnes pas la main,
Je m'égarerai sans doute.
— Égarez-vous, n' vous égarez pas,
Ça m'est égal, mam'zelle,
Si vous m'aimez, je n' vous aime pas,
Laissez-moi donc planter mes pois.

— Nicolas, je vas me pendre,
Viendras-tu couper le cordeau ?
Si tu ne veux pas t'y rendre,
Je descendrai au tombeau.

— Pendez-vous, n' vous pendez pas,
Ça m'est égal, mam'zelle,
Si vous m'aimez, je n' vous aime pas,
Laissez-moi donc planter mes pois.

— Nicolas, va-t'en au diable !
Va-t'en, gros lourdaud d'Allemand,
Tu n'es ni beau ni aimable,
Tu n'es pas courtisan.
— Pas courtisan, vous courtisane,
Ça m'est égal, mam'zelle,
Si vous m'aimez, je n' vous aime pas,
Laissez-moi donc planter mes pois.

NOTE.

Le recueil de MM. Wolf et Hoffmann, *Primavera y flor de romances antiguos*, offre un pendant à cette chanson dans l'insensible berger qui écoute si froidement les avances d'une jeune femme. (Voir le romance *Una gentil dama y un rustico pastor*. t. II, p. 64 :

>Estase la gentil dama
>Paseandose en su vergel...

(Voir *Chansons populaires des provinces de l'Ouest*, t. I, p. 303.)

XLIII

Peines d'amour

(VARIZE)

Là-bas dedans ces bois,
J'ai entendu la voix
De mon cher amant
Qui m'a fait présent,
A mon contentement,
D'un beau bouquet charmant.

— La fleur de l'oranger
Que j'ai donc tant aimée,
Charmante beauté,
Et tes beaux yeux brillants,
Que mon cœur aime tant,
Les faudra-t-il quitter ?

Les oiseaux de ces bois
Sont cent fois plus heureux
Que vous et que moi
A l'abri des jaloux,
Ils jouissent à leur goût
Des charmes les plus doux.

J'irai dans ces forêts,
Sous un ombrage épais,
Mourir de mes regrets.

. . . .
. . . .
. . . .

Je veux que mon tombeau
Soit couvert de rameaux
Des îles, et de fleurs ;
Que ma sincérité
Y soit en lettres d'or
Aux quatre coins gravée.

— La belle, tu iras
Là où tu voudras,
Je suivrai tes pas
Par dedans les cieux
Jusqu'au trône de Dieu,
Là nous nous verrons tous deux.

NOTE.

Gérard de Nerval a cité, dans les *Filles du Feu* (p. 156), quelques vers de cette chanson qu'il regardait comme appartenant au Valois. M. Auricoste de Lazarque, à qui je dois ces couplets mélancoliques, remarque que l'air qui les accompagne et qu'on trouvera à la fin de ce volume, offre le rhythme fort rare d'une mesure à $\frac{9}{8}$.

XLIV

L'Infidèle

RONDE

(CONDÉ)

Mon amant m'a quittée,
Ne le savez-vous pas ?
Il s'en va voir une autre,
Mais il ne l'aura pas.
— Change, amant infidèle,
D'amour quand tu voudras.

Il dit qu'elle est plus belle,
Je n'en disconviens pas.
Il dit qu'elle est plus riche,
Mais il ne l'aura pas.
Change, etc.

Dedans six semaines
Son congé il aura.
Au bout de six semaines,
Mon amant me r'trouva.
Change, etc.

— Bonjour, ma mie, ma douce,
Comment cela vous va ?
— Cela m'va bien, dit-elle,
C'est quand je n' vous vois pas.
Change, amant infidèle,
D'amour quand tu voudras.

XLV

Le Rossignol

RONDE

(BOUSSE)

J'ai un voyage à faire,
J' ne sais qui le fera.
La violette se double, double,
La violette se doublera.

Si j' le dis à l'alouette,
Tout le monde le saura.
La violette, etc.

Si j' le dis au rossignol,
Ma commission se fera.
La violette, etc.

Rossignol prend son vol,
Au château d'amour s'en va.
La violette, etc.

Il trouva ces dames à table,
Humblement les salua.
La violette, etc.

— Bonjour l'une, bonjour l'autre,
Bonjour la belle que voilà.
La violette, etc.

J'ai une lettre à vous remettre
De votre ami Nicolas.
La violette, etc.

Il m'a prié de vous dire
Que vous ne l'oubliiez pas.
La violette, etc.

— J'en ai oublié bien d'autres,
J'oublierai bien celui-là.
La violette, etc.

Si les hommes sont infidèles,
Pourquoi n' le serions-nous pas ?
La violette, etc.

Quand ils sont à marier :
— Ma bonne par-ci, ma bonne par-là.
La violette, etc.

Quand ils sont dans leur ménage :
— B....... par-ci, b....... par-là.
La violette se double, double.
La violette se doublera.

NOTE.

Dans les environs d'Audun-le-Roman on chante cette chanson avec quelques variantes et avec un refrain différent :

> J'ai z'une maîtresse en Lorraine,
> J' n' sais si elle m'aimera.
> J'ai une demande à lui faire,
> Je ne sais qui la fera.
>   Tenez, amant, voilà la rose,
>   Mais le rosier n'y est pas.

. . . .
Le rossignol prit sa volée,
Au château d'amour s'en va.
Il trouva la porte fermée,
Par la fenêtre il entra.

Il trouva trois dames à table
Qui prenaient du chocolat, etc.

Cette rédaction se termine par :

J'en ai oublié bien d'autres,
J'oublierai bien celui-là.

Cette chanson très-connue dans le pays messin, sous l'une et l'autre de ces deux formes, est aussi populaire dans beaucoup d'autres provinces. En Normandie elle finit ainsi :

S'il était venu lui-même,
Il n'eût pas perdu ses pas.
Tout amant qui craint sa peine
Sera toujours logé là.

Dans un romance catalan le rossignol est aussi chargé d'un message :

Rossinyol, bon rossinyol Deu te do bona volada,
A l'altra banda del riu trobaras la mar salada,
Y diras a mos parents que mon pare m'ha casada.
(*Romancerillo catalan*, p. 159.)

Voir encore *Romancero de Champagne*, t. II, p. 119; *Chants pop. des provinces de l'Ouest*, t. I, p. 294; *Noëls et chants de la Franche-Comté*, nº 30; *Chants pop. de la Provence*, t. II, p. 135; *Chants pop. des provinces de France*, p. 117; *Altfranzösische Volkslieder*, p. 110; *Recueil de toutes sortes de chansons nouvelles*, p. 27; *Comédie des chansons*, acte V, scène IV; *Chants pop. des Flamands*, p. 166; *Bulletin du Comité de la langue*, t. I, p. 223; *Revue de l'Est*, t. V, p. 40.

XLVI

Rossignolet sauvage

(RETONFEY)

Rossignolet sauvag', messager des amours,
Voudrais-tu bien m'y porter cette lettre
A ma maîtress', la celle que mon cœur aime ?

Rossignolet sauvag', prends donc la commission,
Tu t'en iras de bocage en bocage,
Tu trouveras la bell' dessous l'ombrage.

— Bonjour ma mie, ma bell', bonjour vous soit donné
Belle Isabeau, votre amant est en peine
Si vous l'aimez tout autant qu'il vous aime.

— De l'aimer comme il m'aime, non, ça ne se peut pas,
L'avait toujours donc la bonne espérance,
De m'y mener dans la ville de Londres. (Langres ?)

— Non, non je n'irai pas dans la ville de Londres,
Là où je n'ai cousin germain, ni frère
A qui conter mes tourments et mes peines.

Des tourments et des pein's, non tu n'en auras point ;
Promets-moi donc la foi du mariage,
Jamais chagrin n'auras dans ton ménage.

NOTE.

Dans la *Comédie des chansons* on trouve ces deux vers :

Rossignolet des bois, messager d'amourette,
Va-t'en trouver ma mie et lui porter ma lettre.

On a déjà vu dans la chanson précédente, à la note qui la suit, que le rossignol est souvent un messager d'amour. Est-ce un souvenir des troubadours ? L'un d'eux, Pierre d'Auvergne, a chargé le rossignol de voler près de sa dame, de lui porter de ses nouvelles et de venir lui apprendre bien vite ce que fait cette souveraine adorée (*Choix de poésies originales des troubadours*, par Raynouard, t. V, p. 292). Il serait difficile de citer toutes les pièces où le rossignol joue le même rôle ; j'en ai moi-même rapporté une assez jolie de la vallée d'Ossau (*Romania*, t. III, p. 97). Une chanson sur la prise du *Château Double* (Leroux de Lincy, 2ᵉ série, p. 384) se chantait sur l'air : *Petit rossignolet sauvage*.

XLVII

Les Sabots

RONDE

BOUSSE)

En passant par la Lorraine,
    Avec mes sabots,
Ils m'ont appelée vilaine,
    Avec mes sabots.
Dondaine, oh! oh! oh! avec mes sabots.

Je ne suis pas si vilaine
    Avec mes sabots,
Puisque le fils du roi m'aime
    Avec mes sabots.
Dondaine, etc.

Il m'a donné pour étrennes,
    Avec mes sabots,
Un bouquet de marjolaine,
    Avec mes sabots.
Dondaine, etc.

Je l'ai planté sous un chêne,
　　Avec mes sabots;
S'il reprend, je serai reine
　　Avec mes sabots.

S'il n' reprend pas sous le chêne,
　　Avec mes sabots,
J'aurai perdu ma peine,
　　Avec mes sabots.
　Dondaine, oh! oh! oh! avec mes sabots.

NOTE.

Cette chanson, avec quelques différences, a été publiée dans le *Bulletin de la Société d'archéologie de la Lorraine*, t. IV, deuxième série, p. 528; dans le *Romancero* de M. Tarbé, t. II, p. 186; dans les *Mémoires de la Société d'émulation de Cambrai*, t. XXVIII, p. 281; dans les *Chants pop. des provinces de l'Ouest*, t. I, p. 88. On en trouve beaucoup de variantes dans la collection manuscrite de la Bibliothèque nationale. L'une d'elles, recueillie en Bretagne, commence ainsi :

　　En revenant de Rennes,
　　Avec mes sabots...

M. Weckerlin a trouvé à la Bibliothèque Sainte-Geneviève une chanson avec la musique à quatre voix d'Orlando de Lassus, qui date de 1576. Deux couplets de cette pièce, qu'il a bien voulu nous communiquer, ont de l'analogie avec la chanson des sabots:

　　Margot, labourez les vignes,
　　Vigne, vigne, vignolet, Margot,
　　Labourez les vignes bientôt.
　　En revenant de Lorraine,
　　　Margot,
　　Rencontray trois capitaines.
　　Vigne, etc.

Ils m'ont salué vilaine,
      Margot,
Je suis leurs fièvres quartaines.
Vigne, etc.
Ils m'ont salué vilaine,
      Margot,
Je m'appelle Madeleine.
Vigne, etc.

Mon père était capitaine,
      Margot,
Il vous fera de la peine.
Vigne, etc.

XLVIII

Sur le bord de l'Étang

RONDE

(LONGWY)

Sur le bord de l'étang,
Levez les pieds légère, légère,
Levez les pieds légèrement.

Depuis Paris jusqu'à Rouen,
Levez, etc.

Depuis Rouen jusqu'à Grand-Champ,
Levez, etc.

J'ai rencontré trois Allemands,
Levez, etc.

— Voudras-tu, la bell', m'servir fidèl'ment ?
Levez, etc.

— Oh! oui-dà, Monsieur, pour de l'argent,
Levez, etc.

— Tous les ans nous aurons un enfant,
Levez, etc.

— Que ferons-nous de tant d'enfants ?
Levez, etc.

— Nous en ferons un régiment,
Levez, etc.

— Nous en ferons présent dans les couvents,
Levez, etc.

XLIX

Rose rouge

RONDE

(LONGWY)

J'ai cueilli la rose rouge,
J'ai cueilli la rose rouge,
Je l'ai cueillie en soupirant,
Belle rose au rosier blanc.

Je la portais à ma mère,
Je la portais à ma mère,
Dans un beau panier d'argent,
Dans un beau panier d'argent.

En mon chemin je fis rencontre,
En mon chemin je fis rencontre,
C'est le fils d'un président,
Belle rose au rosier blanc.

Il m' demande : Qu'avez-vous là, belle ?
Il m' demande : Qu'avez-vous là, belle ?
— J'y ai-t-une rose, belle rose,
J'y ai-t-une rose, belle rose au rosier blanc.

— Veux-tu donc me servir, la belle?
Veux-tu donc me servir, la belle?
Tu resteras avec ma mère,
Tu resteras avec ma mère,
Avec moi le plus souvent,
Avec moi le plus souvent,
Belle rose au rosier blanc.

— Je ne reste avec point d'homme,
Je ne reste avec point d'homme,
Que j' n'épouse auparavant,
La couronne sur la tête,
La couronne sur la tête,
Accompagnée de jeunes gens,
Belle rose au rosier blanc.

NOTE.

M. de Maigret m'a envoyé une variante de cette ronde :

J'ai cueilli la rose rouge,
Je l'ai cueillie en soupirant,
Belle rose au rosier blanc.

Je l'ai portée à mon père,
Entre Paris et Rouen.

En mon chemin ai rencontré
Un beau lieutenant.

Il m'a dit : — Ma belle enfant,
Venez dans mon régiment.

Vous n'aurez rien à y faire,
Qu'à refaire mon lit de camp.

Vous resterez avec ma mère
Et avec moi le plus souvent,
Belle rose au rosier blanc,
Et avec moi le plus souvent.

Une chanson normande rapportée par M. de Beaurepaire, *les Cotillons*, rappelle beaucoup la ronde qui précède. On en retrouve aussi la fin dans une autre ronde commençant ainsi :

> L'auberger de cette ville
> Trop matin s'en va aux champs.

Enfin il y a encore une certaine ressemblance entre la *Rose rouge* et une autre chanson fort insipide et très-longue, elle a dix couplets, qui commence ainsi :

> Par derrière chez mon père,
> Vive l'amour !
> Un oranger il y a,
> Vive là, les lauriers,
> Un oranger il y a,
> Vive la rose et les dames.

Cette dernière chanson est connue en Normandie, mais comme nous, M. de Beaurepaire s'est abstenu de la reproduire. Dans la préface des *Chansons populaires des provinces de France*, M. Weckerlin en donne quatorze couplets commençant ainsi :

> Au jardin de mon père
> Des oranges il y a,
> Mignonne je vous aime
> Et vous ne m'aimez pas...

Rose rouge existe aussi en Champagne, publiée par M. Tarbé, *Romancero*, t. II, p. 194, dans le Cambrésis, *Mémoires de la Société d'émulation de Cambrai*, t. XXVIII, p. 284; en Franche-Comté, *Noëls et Chants pop.*, p. 77, n° 4; au Canada, *Chants pop.* recueillis par Er. Gagnon, p. 88.

L

Le Maître amoureux

(BOUSSE)

Papa n'avait d'enfant que moi,
Il me mit à l'écol' du roi.

Le maître qui m'enseigna
Devint amoureux de moi ;

Il me dit tous les jours :
Ma fille, marie-toi.

— Mariez-vous, mon maître,
N'ayez souci de moi.

L'y a trois garçons en France,
J'en aurai un des trois ;

L'un est le fils d'un comte,
L'autre est le fils du roi,

Et l'autre est batelier,
Batelier comme moi ;

Il m'a écrit des lettres
Et moi je les reçois.

A chaque quart de lettre :
Ma belle, embrasse-moi.

Comment t'embrasserais-je,
Moi qui suis loin de toi?

NOTE.

Un romance catalan, dont la fin offre encore plus de désordre que notre chanson, commence comme celle-ci :

El meu pare y ma mare no'm tenen sino á mi,
M'en fan anar á estudi á aprendrer de llegir,
·Que t allunyas, moreta, que t'allunyas de mi),
El mestre que m'ensenya s'ha enamorat de mi.

(*Romancerillo catalan*, p. 157.)

Cette chanson a quelques rapports avec une autre chanson dont l'héroïne se nomme Cécilia et qui est connue aussi dans notre province; dans l'Ouest, Bujeaud, t. I, p. 101; au Canada, *Chants pop.* de Gagnon, p. 36.

LI

L'Écrivain

RONDE

(BOUSSE)

C'est dans la rue du Plat-d'Étain,
C'est où il y a un écrivain,
Je ne veux plus boire,
Oh ! rendez-moi mes cent écus,
Je ne boirai plus.

A chaque mot qu'il écrivait,
— Oh! ma mignonne, embrassez-moi.
Je ne veux plus, etc.

— Oh! non, Monsieur, je n'oserais,
Car si mon père le savait,
Je ne veux plus, etc.

La bien battue ce serait moi.
— Ma mie, qui le lui dirait?
Je ne veux plus, etc.

Les oiseaux des bois parlent-ils?
— Mais oui, quand ils sont bien appris.
Je ne veux plus, etc.

Soit en français, soit en latin,
Ils disent soir et matin,
Je ne veux plus, etc.

Ils disent dans leur langage.:
Les hommes ne valent rien,
Je ne veux plus, etc.

Et les garçons encor bien moins,
Des filles ils ne disent rien.
Je ne veux plus, etc.

NOTE.

Une rue de Metz s'appelle rue du Plat-d'Étain.

LII

La jeune Fille endormie

(BOUSSE)

A l'ombre d'un grand chêne
Je me suis endormie,
Par le chemin passa
Mon royal ami.

Il avait une rose,
Dans mon sein il la mit.
— D'où vient cela, ma fille,
Si c' n'est de votre ami ?

— Ma mère, ô ma mère !
Je n'ai point d'ami.
— Ma fille, ô ma fille !
Vous avez menti.

— Ma mère, ô ma mère !
Quel habit avait-il ?
— Il avait des bas rouges,
Un habit cramoisi.

— Ma mère, ô ma mère !
Je crois que c'est bien lui,

Je n'en suis pas certaine,
Car j'étais endormie.

Ma mère, ô ma mère !
Quel chemin a-t-il pris ?
— Il a pris le ch'min de Metz,
Qui conduit à Paris.

NOTE.

Le recueil manuscrit de M. Auricoste de Lazarque contient une leçon de cette chanson dont la fin est différente :

— Ma mère, ô ma mère !
Comment était-il ?

— Il avait les bas rouges,
L'habit cramoisi.

Cravate de dentelle,
Chapeau de souci.

— Ma mère, ô ma mère !
Je crois que c'est lui.

Maudit soit cet arbre
Où me suis endormie.

J'aurais eu le plaisir
D'y voir mon bel ami.

Le plaisir sincère
D'y être avec lui.

Dans cette version le refrain est :

Les gens qui sont jeunes,
Comment dorment-ils ?

A Serrouville, où M. de Maigret a bien voulu faire pour moi de si fructueuses recherches, on chante la *Jeune fille endormie* de la manière suivante :

LIII

La jeune Fille endormie

RONDE

(SERROUVILLE)

Là-haut, sur ces côtes,
Je me suis endormie;
Par là il passa
Mon royal ami.
Les gens qui sont jeunes et belles,
Se marieront-elles?
      Oui.

Avait une rose,
Sur mon sein l'a mis.
Les gens, etc.

La rose était fraîche,
Elle m'a-t-éveillée.
Les gens, etc.

— Rose, ô belle rose,
Qui t'a mise ici?
Les gens, etc.

— C'est votre amant, la belle,
  Qu'a passé par ici.
Les gens, etc.

— Dites-moi, belle rose,
  Quel chemin a-t-il pris?
Les gens, etc.

— Le chemin de Nantes
  Pour aller à Nancy,
Les gens, etc.

De Nancy à Metz,
  De Verdun à Paris.
Les gens, etc.

NOTE.

On peut comparer aux couplets qui précèdent la chanson intitulée *la Rose de Colin* (*Rom. de la Champ.*, t. II, p. 178), c'est la même donnée avec des détails différents; la *Dormeuse* des *Chants populaires du Cambrésis* (*Mém. de la Société d'émulation de Cambrai*, t. XXVIII, p. 244), et une *Chanson des provinces de l'Ouest*, t. I, p. 126.

LIV

L'Aubade

RONDE

(BOUSSE)

J'ai ouvert la fenêtre
Qui est au pied d' mon lit,
J'ai entendu la voix,
La voix de mon ami.
Les oiseaux qui s'envolent
Ne seront jamais pris.

Il jouait des aubades
Aux enfants sans soucis.
— Pour qui sont ces aubades,
Nicolas, mon ami?
Les oiseaux, etc.

C'est pour vous, Marguerite,
Ne le savez-vous mie?
— Oh! si c'est bien pour moi,
Je vous en remercie.
Les oiseaux qui s'envolent
Ne seront jamais pris.

NOTE.

Dans la copie qu'on a bien voulu me remettre, trois autres couplets sont placés à la suite de ceux-ci, l'assonance en *i* y existe, mais ils me paraissent appartenir à une autre chanson; ils contiennent des souhaits fort peu charitables pour les vieux hommes et des souhaits plus galants pour les jeunes femmes et les jeunes filles, que celles-ci soient *mariées à leur plaisir :*

> Il y en a dans la danse
> Qui n' disent pas nani,
> Si vous voulez les connaître,
> Regardez celles qui rient.

LV

Les trois Cousines

(MALAVILLERS)

Nous sommes nous trois cousines,
Toutes trois à marier,
Nous nous disons à chacune,
Cousin' fait-il bon d'aimer?

Je m'en vais chez la voisine,
Je m'en vais lui demander.
La voisine était couchée,
Point n'a voulu se lever.

Elle m'a dit que j'attende,
Que j'aurais un boulanger,
Mais moi je ne puis attendre
Et je veux être mariée.

J'en vis un de bonne mine,
Je m'en vais lui demander :
— Bonjour donc, mon beau Monsieur,
Vous plairait-il de m'aimer?

— Donnez-moi votre main blanche,
Avec moi venez danser,
Et la compagnie m'ordonne,
Ce soir de vous ramener.

NOTE.

Cette chanson sans refrain rappelle une très-jolie ronde normande que nous a conservée M. de Beaurepaire et dans laquelle on peut remarquer les traits suivants :

— Demandez à la voisine,
La voisine qu'a tant aimé...

Retournez à votre place,
Vous m'avez pris sans m'embrasser.
Je dirai à votre mère
Que vous êtes un engelé,
Un mangeur de pommes cuites,
Un buveur de lait trutté.
Allez rejarter vos chausses,
Vos souliers sont débouclés.
Regardez sur votre manche,
Vous vous y êtes mouché ;
Regardez sur votre épaule,
Le coucou s'y est perché.

« Ces reproches violents de la jeune fille, dit M. de Beaurepaire, et la simplicité embarrassée du jeune homme forment un tableau assez piquant. Au surplus cette idée se trouve reproduite avec des variantes plus ou moins lestes dans une infinité de chansons. »

Une chanson champenoise : *les Garçons de Daigny*, rappelle beaucoup les couplets cités par M. de Beaurepaire et on remarque dans la chanson suivante : *les Garçons de Villers*, une donnée semblable.

LVI

Les Garçons de Villers

RONDE

(ARS-LAQUENEXY)

Il nous faut danser au rond
Faute de violons,
Car les garçons de Villers
N'ont point d'argent pour les payer.
Vous les voyez, gaiement,
Sur ces jolis taillements.

Mais ils en ont bien, sans doute,
Pour au cabaret aller.
Il y en a une petite
Qui les a bien ramenés.
Vous les voyez, etc.

— Guéchons, retriquez vos chausses,
Parc' qu'ell's cheunent su vos solés.
Vous les voyez, etc.

Et si tourchez votre barbe,
Et si mouchez votre nez.
Vous les voyez, etc.

Car bientôt sur votre front
On y sèm'ra des oignons.
Vous les voyez, etc.

Un peu plus bas sur vot' nez,
On y sèm'ra des navets.
Vous les voyez, etc.

Un peu plus bas sur vot' menton
Il y viendra des obsons.
Vous les voyez, etc.

Nettoyez vos grand's oreilles,
Où l'on y vanerait du blé.
Vous les voyez, etc.

Et les sourcils de vos yeux
Qu' les souris s'y vont ninquer.
Vous les voyez, etc.

NOTE.

Nous avons dans le département de la Moselle plus de dix villages portant le nom de *Villers,* Villers-aux-Bois, Villers-Bettnach, Villers-la-Montagne, etc.; il s'agit probablement ici de Villers-Laquenexy, cette chanson m'étant arrivée d'Ars-Laquenexy. Elle est toutefois connue, avec quelques variantes, à Serrouville. Là, elle a pour refrain :

> Ne croyez pas ces amants
> Sur leurs jolis parlements.

Voir *Rom. de Champagne,* t. II, p. 176; *Poésies pop. en Normandie,* p. 30.

LVII

La Rose vermeille

<small>RONDE</small>

<small>(MALAVILLERS)</small>

Mon père m'envoie-t-au marché
Pour y vendre du froment.
— Et bonjour donc, la belle,
Combien ton froment?
— La rose vermeille
Fleurit sur mes gants.

— Mon froment, Monsieur,
Je le vends cent francs ;
— Belle, vos amourettes
Sont ell's comprises dedans.
— La rose, etc.

— Mes amourettes, Monsieur,
Jamais je ne les vends,
Je les ai promises
A mon cher amant.
— La rose, etc.

Pour moi-z-il endure
La pluie-z-et le vent,
Pour moi-z-il engrèle
Des grelons d'argent.
— La rose vermeille
Fleurit sur mes gants.

LVIII

Le Rosier

(MALAVILLERS)

J'ai planté un rosier mignon, gaillard, joli,
Je l'ai planté le soir, le matin, la, la, la, la,
    Le matin l'a repris.

Je lui ai dit : Rosier, tu es bientôt repris,
Et que n'attends-tu le joli la, la, la,
    Le joli mois d'avril.

Que tout pré est en fleur, que tout bois reverdit,
Et qu' tout's ces jeun's fill's changeront, la, la, la,
    Changeront leurs amis.

C'est pas pour moi qu' j'en parl', car j'en ai un joli
Il n'est point dans la dans' ni dans ces lieux la, la, la
    Ni dans ces lieux ici.

Il est en Angleterre qui sert le roi joli ;
S'il ne revient bientôt, je l'irai chercher la, la,
    En chariot joli.

NOTE.

Le dernier couplet se termine aussi de cette manière :

> Je l'irai la, la, la, la, la,
> Je l'irai rechercher
> En chariot charrette,
> En chariot joli.

Dans l'introduction des *Chants populaires du Cambrésis* (*Mémoires de la Société d'émulation de Cambrai*, t. XXVIII, p. 180), l'auteur de ce recueil cite un court fragment de cette chanson dont il ne connaît pas le reste :

> Il est en Angleterre
> Qui sert le roi gentil,
> La reine d'Angleterre
> Et ses enfants aussi.

A propos de ce vers :

> Ni dans ces lieux ici,

remarquons qu'autrefois on n'employait pas l'abréviation *ci*, en place de l'adverbe *ici*, témoin ce passage de Regnier :

> Et dans ce monde icy,
> Souvent avec travail on poursuit du soucy.

LIX

Le Clair de lune

(MALAVILLERS)

L'avant-veille de mes noces,
Ah ! grand Dieu, qu' la nuit dura !
Je croyais qu'il était jour,
Aussitôt je me leva.

J' mis la tête à la fenêtre,
C'était la lun' qu' était là.
J' croyais qu'il était jour,
Les onze heur's n'y étaient pas.

— Belle lune, ô belle lune,
Que n'avances-tu d'un pas !
Si j'avais mon arbalète,
Je te jetterais à bas.

NOTE.

Voyez *Chants populaires des provinces de l'Ouest*, t. I, p. 322 ; *Noëls et Chants pop. de la Franche-Comté*, n° 5. — On m'a envoyé une autre version plus longue et que je ne donne pas, parce qu'elle diffère à peine de celle de la Franche-Comté. Ce qui est bizarre, c'est que cette dernière rédaction figure dans les œuvres musicales de J.-J. Rousseau, qui lui adapta un air de sa composition. M. Er. Auricoste de Lazarque, qui a fait cette découverte, se demande si Rousseau a emprunté cette ronde à la poésie populaire ou si, composée pour le divertissement d'une société un peu gaie, elle s'est ensuite répandue dans le peuple.

LX

La Chanson des Aveines

RONDE

(SERROUVILLE)

Derrièr' chez mon pèr' l'y a des aveines,
Trois jeunes filles s'y promènent.
Ah! dansons la la derirette,
Ah! dansons la la derida.

La plus jeunett' c'est mon amie,
Et les deux autres en ont envie.
Ah! etc.

Il nous faudra aller à Rome,
Il y a un saint qui tout pardonne.
Ah! etc.

Pardonne aux femm's et rien aux hommes,
Car tous les homm's sont des ivrognes
Et les fillett's sont des mignonnes.
Ah! dansons la la derirette,
Ah! dansons la la derira.

LXI

Turlututu

(BOUSSE)

L'autre jour en me promenant
Le long de ces grands bois charmants,
J'ai rencontré une fillette
Qui faisait son lon, la, ridette,
Qui faisait son bouquet.

Je lui ai dit : — Ma mie Jeannette,
Prête-moi ton turlututu,
Prête-moi ton lon, la, ridette,
Prête-moi ton bouquet.

— Oh ! non, je n'oserais,
Crainte de mon turlututu,
Crainte de mon lon, la, ridette,
Crainte de mon berger.

— Ton berger n'a point d'épaulettes,
Ni d'épée au turlututu,
Ni d'épée lon, la, ridette,
Ni d'épée au côté.

— Dansez, dansez, jeunes fillettes,
Puisqu' vous êt's en turlututu,
Puisqu' vous êt's en lon, la, ridette,
Puisqu' vous êt's en gaîté.

Un jour viendra, pauvres fillettes,
Où vous n' pourrez plus turlututu,
Où vous n' pourrez plus lon, la, ridette,
Où vous n' pourrez plus danser.

NOTE.

Chanson du même genre dans le Cambrésis (*Mémoires de la Société d'émulation de Cambrai*, t. XXVIII, p. 323) :

— Bonjour, bonjour, mam'sell Jeannette,
Je suis votre... turlututu,
Je suis votre... lon, la, derirette,
Je suis votre berger.

— Mon berger n'a pas d'épaulettes,
Ni d'épée au... turlututu,
Ni d'épée au... lon, la, derirette,
Ni d'épée au côté, etc.

Voyez aussi *Chants pop. des provinces de l'Ouest*, t. II, p. 131.

LXII

L'Ane et la Femme

RONDE

(SERROUVILLE)

Quand la femm' s'en va-t-au moulin
Avec son sac de farine,
Elle monta sur son âne,
A l'âne, à l'âne, à l'âne !
Elle monta sur son âne,
    La femme,
Elle monta sur son âne.

Le meunier, qui la voit venir,
De joie ne s'en peut tenir :
— Attachez là votre âne,
A l'âne, à l'âne, à l'âne !
Attachez là votre âne,
    La femme,
Attachez là votre âne.

Pendant que le moulin tournait
Et qu' l' meunier la cajolait,
Le loup vint manger l'âne,
A l'âne, à l'âne, à l'âne !
Le loup vint manger l'âne
    D' la femme,
Le loup vint manger l'âne.

— J'ai cinq ducats dans mon gousset,
Laissez-en trois, deux en prenez
Pour acheter un âne,
A l'âne, à l'âne, à l'âne !
Pour acheter un âne,
    La femme,
Pour acheter un âne.

Le mari qui la voit venir
De rire ne peut se tenir :
— Ce n'est pas là notre âne,
A l'âne, à l'âne, à l'âne !
Ce n'est pas là notre âne,
    La femme,
Ce n'est pas là notre âne.

Notre âne avait les quat' pieds blancs,
Les deux oreill's à l'avenant,
Le bout de la queue grise,
Aux c'rises, aux c'rises, aux c'rises !
Le bout de la queue grise,
    La femme,
Le bout de la queue grise.

NOTE.

En Champagne on retrouve une chanson du même genre; elle débute ainsi :

> A l'âne ! à l'âne ! à l'âne
> Oui, c'est bien là mon âne,
> Oui, c'est bien là mon âne Martin
> Qui allait au moulin, etc.
> *(Romancero de Champagne, t. II, p. 255.)*

Près de Cambrai, on a de cette chanson une variante connue aussi dans quelques-uns de nos villages. (*Mémoires de la Société d'émulation de Cambrai*, t. XXVIII, p. 320.)

V. encore *Noëls et Chants pop. de la Franche-Comté*, n° 29 ; *Litt. pop. de la Gascogne*, p. 32 ; *Chants pop. des provinces de l'Ouest*, t. I, p. 107 ; *Fleur de toutes les plus belles chansons*, p. 233.

LXIII

La Fille de l'Ermite

(SERROUVILLE)

C'est là-haut, là-bas,
Falari don fadondaine,
C'est là-haut, là-bas
Où l'y a-t-un ermite.

Il n'a pas vaillant,
Falari, etc.
Il n'a pas vaillant
Un fagot d'épine.

Mais il a vaillant,
Falari, etc.
Mais il a vaillant
Une jolie fille.

Ell' s'en va-t-au bois,
Falari, etc.
Ell' s'en va-t-au bois
Cueillir la noisette.

Les bois sont si grands,
Falari, etc.
Les bois sont si grands
Qu'ell' s'était piquée.

Elle a tant pleuré
Falari, etc.
Elle a tant pleuré
Qu'elle s'est endormie.

Par là il passa,
Falari, etc.
Par là il passa
Trois jeunes capitaines.

— Ça, dit le premier,
Falari, etc.
Ça, dit le premier,
Je vois une fille.

— Ça, dit le second,
Falari, etc.
Ça, dit le second,
Elle est bien jolie.

— Ça, dit le troisième,
Falari, etc.
Ça, dit le troisième,
J'en ferai ma mie.

NOTE.

A Condé-Northen, cette chanson se chante avec des variantes et un autre refrain :

> C'est là-haut, là-bas,
> Traderi, dera, lon la,
> C'est là-haut, là-bas,
> Y n'y a-t-un ermite,
> Lon, la, tire lire.
> Y n'y a-t-un ermite.

Les détails sont d'ailleurs identiques. Les vers :

> Par là il passa
> Trois jeunes capitaines

rappellent un passage d'un chant catalan :

> Ja 'n passan tres galants que l'han assalutada :
> Ja n'hi diu lo mes gran quin cos tè aquella dama !
> Ja n'hi diu lo mitja : pera mi fos criada,
> Ja respont lo mes xich : — Fora malagonyada.
>
> (*Cansons de la Terra*, t. I, p. 209.)

LXIV

L'Ermite

(GUÉNANGE)

C'était un pauvre ermite
Qui roulait jour et nuit
Avec sa petit' clochette,
Ne faisant guèr' de bruit.
— Réveillez-vous, mesdames,
Car il est bientôt jour,
Et donnez à mon âme
Le paradis d'amour.

— Ermite, saint ermite,
Vraiment vous avez tort
De frapper à la porte
D'une fille qui dort,
De frapper de la sorte
Et de faire un tel train;
Les voisins qui l'entendent,
En parleront demain.

— Je ne suis point ermite,
Je suis votre amoureux

Qui nuit et jour soupire
Pour l'éclat de vos yeux.
Je ne suis point ermite,
Et ne demande rien
Que votre bonne grâce
Et vos doux entretiens.

NOTE.

Nous avons eu de Luttange une autre version de cette chanson. Après trois couplets qui offrent quelques différences avec la nôtre, elle se termine ainsi :

> Va-t'en de bonne grâce
> Et de bonne amitié,
> Tu n'auras jamais place
> En mon cœur, ni pitié.
> Va-t'en, Dieu te conduise
> De la vie à la mort,
> Ne viens pas à la porte
> D'une fille qui dort.
>
> Dedans mon ermitage
> Ah ! je vis sans chagrin.
> . . . .
> Une claire fontaine
> A l'ombre des ormeaux,
> Dans cette vaste plaine
> Me fournit de son eau.

Ce dernier couplet pourrait bien appartenir à une autre chanson. On lit dans la *Comédie des chansons*, p. 116 :

> Nous sommes trois ermites,
> Tous trois vêtus de gris,
> La clochette à la main,
> Nous sommes ici venus,
> Belle, pour adorer vos vertus.

LXV

La sage Bergère et l'Ermite

(JOEUF)

L'ERMITE

A quoi s'occupe Madelon,
Là-bas, seule dans cet asile?
A quoi s'occupe Madelon,
Là-bas, seule dans ce vallon?

LA BERGÈRE

Je m'occupe avec mon fuseau,
Et je file, je file et file;
Je m'occupe avec mon fuseau
Et ma houlette et mon troupeau.

L'ERMITE

Mais s'il survenait un amant,
Et qu'il voulût te mettre en peine;
Mais s'il survenait un amant,
Dis, que ferais-tu, mon enfant?

LA BERGÈRE

Je jetterais là mon fuseau,
Et puis, courant à perdre haleine,
Je laisserais là mon troupeau,
Et m'enfuirais jusqu'au hameau.

LXVI

Petit Jean

(VERNÉVILLE)

Quand petit Jean revint du bois,
Tra, tra, tra, la, la, la,
Quand petit Jean revint du bois,
Il trouva sa porte fermée.

Il rentra par la fenêtre,
Tra, tra, tra, la, la, la,
Il rentra par la fenêtre
Et trouva sa femme au lit.

— Tiens, petit Jean, voilà ta soupe,
Tra, tra, tra, la, la, la,
Tiens, petit Jean, voilà ta soupe
Et ton petit bout de lard.

Quand petit Jean mangea sa soupe,
Tra, tra, tra, la, la, la,
Quand petit Jean mangea sa soupe,
Le chat lui a pris son lard.

— Si je cours après mon lard,
Tra, tra, tra, la, la, la,
Si je cours après mon lard,
Le chat m'égratignera.

Si je cours après ma femme,
Tra, tra, tra, la, la, la,
Si je cours après ma femme,
Le bailli me battera.

Je sais bien ce qu'il faut faire,
Tra, tra, tra, la, la, la,
Je sais bien ce qu'il faut faire,
Il faut laisser tout cela.

NOTE.

Cette chanson a été insérée, mais avec de notables différences, dans le *Romancero de Champagne*, t. II, p. 133. Elle y débute ainsi :

Le p'tit Jean prend sa serpette,
Hum, hum, hum, tra deri dera,
Le p'tit Jean prend sa serpette,
Et s'en va couper du bois, etc.

LXVII

Oui et Non

RONDE

(MALAVILLERS)

L'autre jour dans la prairie,
En chemin j'ai rencontré
Une jeune fille, oui,
Oui, elle était belle.

Lui ai demandé tout bas :
— Êtes-vous demoiselle? — Oui,
Oui, ce me dit-elle, oui,
Oui, ce me dit-elle.

— Si l'on voulait vous aimer,
Seriez-vous fidèle? — Oui,
Oui, ce me dit-elle, oui.
Oui, ce me dit-elle.

— Me laisseriez-vous sans façon
Entrer dedans votr' maison?
— Non, ce me dit-elle, non,
Non, ce me dit-elle.

Si vous v'niez comme un garçon,
Vous n'entr'riez dans ma maison,
Non, ce me dit-elle, non,
Non, ce me dit-elle.

Mais si vous v'niez comme un mari,
Ce serait autre chose, oui,
Oui, ce me dit-elle, oui,
Oui, ce me dit-elle.

— Et l' lendemain au matin,
Seriez-vous demoisell'? — Non,
Non, ce me dit-elle, non,
Non, ce me dit-elle.

LXVIII

Les plaisirs de la Bergère

(LONGWY)

Il n'y a rien de plus charmant
Que la bergère aux champs;
Quand elle voit la pluie
Elle désire le beau temps.
Voilà comme la bergère
Aime à passer son temps.

Le matin et le soir
Son berger va la voir :
— Ah! levez-vous, bergère,
Bergère, car il est jour;
Lâchez vos moutons paître,
Le soleil lûit partout.

Quand la maîtresse entend
La voix de son amant,
Elle met sa jupe verte
Et son joli bouffant,
S'en va ouvrir la porte
A son berger mignon.

— Oh! dis-moi, mon berger,
Où irons-nous déjeuner?
— Là-haut sur la montagne,
Un oranger il y a.
Allons-y, ma compagne,
Nous déjeunerons là.

— Oh! dis-moi, mon berger,
Où irons-nous r'poser?
— Là-bas dans ces vallons,
Une prairie il y a.
Allons-y ma compagne
Nous reposerons là.

NOTE.

M. Champfleury cite le premier couplet de cette chanson comme appartenant à l'Anjou. A Condé, on chante le dernier couplet d'une autre manière, mais qui n'offre pas plus d'intérêt que la leçon précédente. Nous n'avons donné cette chanson qu'à cause de son début qui est très-populaire et souvent redit.

V. *Chants pop. des provinces de l'Ouest*, t. I, p. 173.

LXIX

L'Amant oublié

RONDE

Entre nous, jeunes garçons qui sont à marier,
Demandez à ces filles comment il faut aimer.
        Vous m'avez tant aimé,
        Vous m'avez délaissé!

J'en ai tant aimé une, l'ingrate elle m'a quitté.
        Vous m'avez, etc.

Un soir je vais la voir bien tard, après souper,
        Vous m'avez, etc.

Elle est en chambre en haut et moi sur le pavé.
        Vous m'avez, etc.

Descendez, glorieuse, à moi venez parler.
        Vous m'avez, etc.

Sans vos belles promesses je serais marié.
        Vous m'avez, etc.

Avec la plus bell' fill' qui est dans la cité.
    Vous m'avez, etc.

Elle est bien aussi droit' que le foin dans les prés.
    Vous m'avez, etc.

Et bien aussi vermeill' que la rose en été.
    Vous m'avez tant aimé,
    Vous m'avez délaissé!

LXX

L'Amour refroidi

RONDE

J'ai un serviteur, Mesdam's, agréable et bien joli;
Ah! oui, quoique je l'aim' je me moque de lui.

Il m'a bien fait la cour pendant dix mois et demi.
Ah! oui, etc.

Mais au bout de c' temps-là nos amours sont r'froidis.
Ah! oui, etc.

Nous passons l'un contr' l'autr' sans nous j'ter aucun
Ah! oui, etc. [cri.

— Monsieur, si vous fait's le fier, moi j' la ferai aussi.
Ah! oui, etc.

Si vous changez de maîtress', moi j' changerai d'ami.
Ah! oui, quoique je l'aim' je me moque de lui.

NOTE.

Ces deux chansons ont été entendues dans le département de la Meurthe, mais tout près de nos limites; nous les devons à M. le baron Paul d'Huart.

LXXI

Allemand et Française

(GUÉNANGE)

— Ponchour tonc, mon bedit' mam'selle,
Fous qui avez de la beauté,
Moi fenir exbrès de Bruxelles
Dans l'indention de fous haimer;
Fous qui avez de l'amourette,
Fous qui avez le cœur gondent.
Et pien, moi je serai bien aise
De faire ta bedit' ponheur.

— Monsieur, je n' sais ce que vous dites
Dans votre joli baragouin;
Monsieur, je n' sais ce que vous dites
Si vous parlez grec ou latin;
Si vous me parlez d'amourette
Dans votre joli compliment,
Mes amours ne sont pas faites
Pour un gros lourdaud d'Allemand.

— Mam'selle, vous hêtes pien méchante
D' ne pas haimer les Hallemands;
Vous refousez ma dendresse
Moi qui fous haim' si artament.
Quand je vois don choli bedit' pouche,
Don bedit nez, ta bedit' mendon;
Che foudrais hêtre une mouche
Pour foler sur don choli front.

— Monsieur, qu'y voulez-vous y faire?
Moi je n'aim' pas les Allemands.
Les Français savent mieux me plaire
Et je les aime tendrement;
Et j'en ai un qui a su me plaire
Et je l'ai pris pour mon amant,
Et je l'aurai en mariage
Et mon cœur en sera content.

NOTE.

A Vernéville, on chante des couplets où se retrouve quelque chose de cette chanson :

> Je viens vous annoncer la fête
> Et la foire de Saint-Cloud,
> Je vous apporterai une robe,
> Une robe de velours.
> La robe était si courte
> Qu'on lui voyait les genoux,
> Lire, la, la, lire, la, la, lire, la, la.
>
> — Bonjour, ma chère demoiselle,
> Vous qui avez de la beauté ;
> Moi venir exprès de Bruxelles
> De Bruxelles pour vous aimer.
> — Si vous m'aimez d'amourette,
> Si vous avez le cœur content,
> Mes amours ne sont pas faites,
> Monsieur, pour un pareil amant.
> Tira, la, la, etc.
>
> — Quand je vois votr' petit' bouche,
> Vos beaux yeux, votr' petit menton, etc.

Dans *Allemand et Française,* on se moque de l'accent des Allemands quand ils parlent notre langue. Une chanson offre des traces plus curieuses du voisinage des deux langues, c'est leur apparition alternant dans les mêmes couplets; mais je ne puis citer ici le morceau où se trouve ce singulier mélange.

LXXII

Le Médecin

RONDE

(BOUSSE)

En revenant de Metz, le long du grand chemin,
J'ai rencontré trois fill's se tenant par la main.
— Ah! faut-il que je vous aim' moi qui n' vous connais
[point.

Et le soir à la dans' je les ai vues de loin ;
Il y en a deux qui dans'nt, l'autre ne danse point.

Il y en a deux qui dans'nt, l'autre ne danse point.
— Pourquoi n' dansez-vous bell', vous qui dansez si
[bien ?.

— Comment donc danscrais-j' j'ai du mal à la main ?
— Que me donn'rez vous bell' vous s'rez guérie de-
[main ?

Je vous donn'rai de l'herb' qui vient dans not' jardin.
Vous en mettrez le soir, vous guérirez l' matin.

Vous en mettrez le soir, vous guérirez l' matin,
Et vous direz la bell' que je suis bon médecin.

NOTE.

Se retrouve aussi dans une rédaction très-différente dans le *Romancero de Champagne*, p. 231.

LXXIII

La Fille de notre voisin

RONDE

(MALAVILLERS)

C'est la fill' de notre voisin,
L'y en a pas d' plus belle, voyez-vous.
J'aime lon, lon, la, l'allure
      L'allurette,
J'aime, lon, lon, la, l'allure.

Tous les garçons qui vont la voir
Sont amoureux d'elle, voyez-vous.
J'aime, etc.

L'y en vint un, l'y en vint deux,
L'y en vint jusqu'à quatre, voyez-vous.
J'aime, etc.

L'y en va un petit mignon
Qui est aimé d' la belle, voyez-vous.
J'aime, etc.

Il lui demande un doux baiser
Au nom du mariage, voyez-vous.
J'aime, etc.

— Prenez-en un, prenez-en deux,
Mais ne l'allez pas dire, voyez-vous.
J'aime, etc.

Car si mon père le savait,
Il m'en coût'rait la vie, voyez-vous.
J'aime, etc.

Mais si ma mère le savait,
Ell' n'en ferait que rire, voyez-vous.
J'aime, etc.

Quand elle était jeune comme moi,
Elle en faisait encor pire, voyez-vous.
J'aime, etc.

NOTE.

On chante à Varize une ronde qui ressemble à celle-ci; il y est question d'une « jeune toute belle fille » qui était jolie, le savait bien, mais aimait qu'on le lui dît :

Un jour son galant vint la voir,
Un doux baiser l'y prit :
— Prenez-en un, prenez-en deux,
Prenez-en tant qu'il vous plaira,
  Voyez-vous,
J'aime lon, la, landerinette
J'aime lon, la, landerina, etc.

LXXIV

Le Désappointement

(AUDUN-LE-ROMAN)

J'ai fait une maîtresse
Trois jours n'y a pas longtemps,
Je l'irai voir dimanche,
Lundi sans plus attendre,
Mardi sans plus tarder.

Passant devant sa porte
C'est pour la saluer.
Bonjour, la compagnie,
Sans oublier ma mie.
Embrassez-moi,
C'est pour la première fois.

Son pèr' derrièr' la porte
Entendit l' compliment.
— Ma fille en mariage,
Elle a reçu des gages
D'un autre amant que vous,
Galant, retirez-vous.

— Ma mie, ma douce amie,
Prêtez-moi z'un mouchoir
Pour essuyer les larmes

Qui coul'nt sur mon visage,
Pour essuyer mes pleurs
Au regret de mon cœur.

Ma mie, ma douce amie,
Prêtez-moi z'un ciseau
Pour couper l'alliance
Que nous avons ensemble,
Pour couper mon anneau,
Adieu, bell', pour toujours.

Ma mie, ma douce amie,
Faites-moi z'un bouquet,
Un bouquet de roses ;
J'ai fait l'amour pour d'autres,
D'autres le feront pour moi.
Adieu, la bell', je m'en vas.

NOTE.

Quelques vers de cette chanson se retrouvent dans une chanson de la Gascogne, notamment le quatrième et le cinquième couplet. (V. *Chants populaires des provinces de France*, p. 58.) Une chanson du Bourbonnais débute ainsi :

J'ai fait une maîtresse,
Y n'y a pas longtemps,
J'irai la voir dimanche
Sans plus tarder.

V. *Chants pop. des provinces de l'Ouest* t. 1, p. 279.

LXXV

Les Souliers déchirés

RONDE

(BOUSSE)

Hier au soir j'ai tant dansé
J'ai déchiré mes souliers.
    Tu n'entends pas l'usage,
    Ah! qu'il est malaisé
    D'être amoureux et sage!

Au cordonnier faut les porter
Pour les faire raccommoder.

— Cordonnier, bon cordonnier,
Voulez-vous refair' mes souliers?

— Et si je refais vos souliers,
Combien est-c' que vous me donn'rez?

— A chaque point un doux baiser,
A chaque point que vous ferez.

— Ce serait un mauvais marché,
Au diable allez les porter.

A Montrequienne y a assez
De jeunes fill's à marier.

A Montrequienne y a assez
De vieux garçons à tromper.
Tu n'entends pas l'usage,
Ah! qu'il est malaisé
D'être amoureux et sage !

NOTE.

Montrequienne, qui est cité dans cette ronde, est un village de l'ancienne province des Trois-Évêchés ; c'est une annexe de Rurange et il appartient au canton de Metzerwisse. Les deux couplets où il est question de Montrequienne ont été sans doute ajoutés à une chanson en vogue ; nous la retrouvons aussi à Malavillers et là elle se termine ainsi :

Beau cordonnier, beau cordonnier,
Ah! qu'il est malaisé!
Veux-tu refaire mes souliers?
Tu n'entends pas l'usage,
Ah! qu'il est malaisé
D'être amoureux et sage !
Mais oui, mam'zelle, si vous voulez.
Combien faut-il vous les payer?
A chaque point un doux baiser.
A chaque pièce un sou marqué.

On lit dans un chant catalan (*Romancerillo*, p. 159, n° 55) :

A cada punt d'agulla hi posa un ram de flors,
Cada cop d'estisora hi fa un sospir ó dos.

V. *Chants pop. des provinces de l'Ouest*, t. I, p. 94 ; *Comédie des chansons*, p. 228 ; *Canti Monferrini*, n° 59. Dans une chanson populaire du xve siècle copiée en Italie, on lit à chaque couplet :

Mes solars usés les ay...
(*Romania*, t. VIII, p. 77.)

La collection des *Poésies pop. de la France* donne un grand nombre de variantes.

LXXVI

Le Galant repoussé

RONDE

(ENVIRONS DE LONGWY)

Nous sommes entrés en danse,
C' n'est pas pour danser, ô gué !
C'est pour voir une fille
Que j'ai toujours aimée, ô gué !

C'est pour voir une fille
Que j'ai toujours aimée, ô gué !
Toutes les fois que j' la regarde,
Ne fais que soupirer, ô gué !

Toutes les fois que j' la regarde,
Ne fais que soupirer, ô gué !
Que vous faut-il, la belle,
Que si fort vous pleurez, ô gué !

Que vous faut-il, la belle,
Que si fort vous pleurez? ô gué !
— Je pleure mes amourettes
Qui sont bien loin de moi, ô gué !

Je pleure mes amourettes
Qui sont bien loin de moi, ô gué !
— Vos amourettes, la belle,
Sont-elles plus belles que moi ? ô gué !

Vos amourettes, la belle,
Sont-elles plus belles que moi ? ô gué !
— Elles sont plus belles à la lune
Que vous ne l'êtes au soleil, ô gué !

Elles sont plus belles à la lune
Que vous ne l'êtes au soleil, ô gué !
Elles sont plus belles en chemise
Que vous n'êtes en pourpoint, ô gué !

LXXVII

La Belle brune et les trois Soldats

RONDE

(MALAVILLERS)

A Paris l'y a t'une brune
Plus belle que le jour,
Plus belle que le jour, ô gué !
Plus belle que le jour.

Trois beaux soldats de la guerre
Lui vont faire l'amour,
Lui vont, etc.

Se disant les uns aux autres :
Comment l'aurons-nous ?
Comment, etc.

Ah ! ah ! se dit le plus jeune,
Je sais bien comment,
Je sais, etc.

Je ferai faire une viole
Garnie en argent,
Garnie, etc.

Et j'irai de porte en porte
Toujours en jouant,
Toujours, etc.

A la porte de la belle
Tout premièrement,
Tout, etc.

Ell' m'apportera l'aumône
Toujours en dansant,
Toujours, etc.

J' la prendrai, je la mettrai
D'sus mon cheval blanc,
D'sus, etc.

Et de là je m'en irai
Rejoindre mon régiment,
Rejoindre mon régiment, ô gué!
Rejoindre mon régiment.

NOTE.

V. *Chants populaires des provinces de l'Ouest*, t. I, p. 272; *Chants populaires de la Provence*, t. I, p. 133; *Chansons du Canada*, p. 171; *Canti Monferrini*, n° 78. Depuis la publication de ce dernier recueil, M. Ferraro, sous le titre de *Madalena la rapita*, a donné dans la *Rivista Europea* une pièce qui, avec la nôtre, a les analogies les plus frappantes:

> Cumparrumu na viola
> Cun i cantin d'argent,
> Sutta ra fnestra dra Madalena,
> Andirumma a cantée:
> Livew si o Madalena,
> Drenta dir vostir lecc,
> Vui feè an po d'limosina,
> A isti giuvnot galant, etc.
>
> (*Riv. Europea*, anno V, luglio 1874,
> p. 219, n° 5.)

LXXVIII

Le Soldat découragé

(MALROY)

Quand j'étais dans mon jeune âge,
Joyeux et content,
J' dis : faut que j' m'engage
Dans un régiment.

Ah ! j'ai bien changé d' courage
Au jour d'aujourd'hui,
Car le jour que l'on s'engage
Est un jour maudit.

On vous met comm' factionnaire
Devant les appartements,
Et l'on vous fait faire la guerre
Sans savoir comment.

On vous donne pour breuvage
L'eau tirée du puits,
Et du pain pour tout potage,
Voilà comme on vit.

Si jamais je m' rengage
Mon congé fini,
J'aim'rais mieux qu'on m' dévisage
A coups de fusil.

Au moins si j' n'ai rien à faire,
J' prendrai un violon,
Moi et ma petite ménagère
Vendrons des chansons.

LXXIX

La Cantinière

(FONTOY)

Me voilà délaissée, sans amant,
Je vous fais mes adieux, chère maman,
Je pars pour l'armée du Bas-Rhin,
Oui, je pars demain au matin ;
    Que mon sac soit fait,
        Prêt,
    Compte-moi de l'argent
        Blanc,
Afin que je marche à grands pas
Pour quand l'armée partira.

— Ma fille, tu te feras blâmer
Si tu parl's d'aller à l'armée,
Tu te verras dans peu de temps
Dans un cruel tourment.
    Tu n'entends pas le jargon,
        Non,
    Qui te l'aurait appris,
        Dis?
Tu n'entends que le français,
C'est tous Allemands ou Anglais.

— Je n'irai pas chez l' paysan,
J' resterai toujours dans le camp,
Les défenseurs de nos lois
Doivent parler tout comme moi.

Je vendrai des gâteaux
 Chauds,
Tout en sortant du four
 Pour
Déjeuner au point du jour ;
Je vendrai du fil, du ruban,
Du vert, du rouge, du jaune et du blanc.

Pour les hussards il me faudra
Du vin, du rhum et du gloria,
Tabac en poudre et à fumer,
De l'encre et des cart's à jouer,
 De la pommade en bâton
 Bon,
 J'en aurai dans un pot
 Gros,
Que je vendrai au pesant,
Quand il viendra des chalands.

— J' vois que tu sais ton commerce à fond,
Va-t'en, Fanchon, prends garde aux fripons,
Et ne te mets pas au hasard,
Surtout méfie-toi des hussards ;
 Si tu les vois venir,
 Fuis,
 Cache-toi dans un coin,
 Loin,
Embrasse-moi, ma chère enfant,
Prends ton équipage et va-t'en.

NOTE.

René Quépat donne de cette chanson une autre version, p. 48.

LXXX

La petite Brune

RONDE

(RÉTONFEY)

Petit soldat de la guerre,
De l'armée tu t'en vas.
   Et lon, lon, la,
  De l'armée tu t'en vas.

— Va-t'en voir ma maîtresse,
Je t'en prie, salue-la.
   Et lon etc.

— Comment la saluerai-je,
Moi qui n' la connais pas ?
   Et lon, etc.

— C'est une petite brune
Qui porte des falbalas.
   Et lon, etc.

— Bonjour, bonjour, la belle,
On veut vous marier.
   Et lon, etc.

— Comment me marierai-je,
Moi qui n'ai pas d'amour?
   Et lon, etc.

— Le galant qui vous aime
Est un jeune officier.
   Et lon, etc.

Le carrosse qui l'amène
Est couvert de lauriers.
   Et lon, lon, la,
    Est couvert de lauriers.

NOTE.

Chants pop. des provinces de France, p. 56.

LXXXI

Le Soldat prisonnier

RONDE

(BOUSSE)

Hier je me suis couchée
A la nouvell' façon,
Mon lit était d' fougère,
Mes draps étaient de joncs.
Bon, verse à boire, buvons donc.

Mon mignon comment l' verrais-je ?
Le roi le tient en prison.
Bon, etc.

— Pourquoi le tenez-vous, sire,
N'est-il pas joli garçon ?
Bon, etc.

N' fait-il pas bien son service
Quand il est en garnison ?
Bon, etc.

Ne crie-t-il pas bien qui vive
Quand il est en faction ?
Bon, etc.

Si ma qu'nouille était de marbre,
J'en forcerais la prison.
Bon, etc.

Et du fil de ma quenouille
Je le tirerais du fond.
Bon, etc.

Jusqu'au jardin de mon père,
Où les belles roses sont.
Bon, etc.

Les boutons sont pour les filles,
Les roses pour les garçons.
Bon, verse à boire, buvons donc.

LXXXII

Tristesse de jeune Fille

(RETONFEY)

Lorsque j'étais fillette,
J' m' disais tous les jours :
Hélas ! hélas ! mon tour
Viendra bien un jour.
Me voilà grande fille,
A quinze ans, personne !
Jamais je ne l'aurais cru.

Ma mère qui me chagrine,
Loin de me consoler,
Voudrait que je sois femme
Avant d'être mariée.
Mais moi je la regarde
Les larmes dans les yeux ;
Peut-on se marier
Sans avoir d'amoureux ?

J'ai z'une belle robe,
Aussi de beaux jupons.
Je me coiffe à la mode
Avec des bonnets ronds.
J'ai une belle chaussure,
Je sais rire et danser,
Et malgré ma parure
Je reste à marier.

J'ai bien du chagrin
Quand je vois mes compagnes
S'en aller à la danse
Avec leurs bon-amis.
Et moi, dedans ma chambre,
Seule j'attends mon tour ;
Jeune fillette malade
Et gémissant d'amour.

Ah ! vraiment, si je meurs
Sans être mariée,
Je veux que sur ma tombe
Soit en lettres gravé :
Une jeune fille est morte,
A la longueur du temps,
Est morte fille et sage
A défaut d'un amant.

NOTE.

La fin de cette chanson offre une vague ressemblance avec les derniers vers de la *Rozettina* :

> Tuti quei che de là passa,
> I dira : che bon odor !
> — L'è del fior de Rosettina
> Che xe morta per amor.
> <div align="right">(<i>Caselli</i>, p. 231.)</div>

LXXXIII

Regrets

RONDE

(AUDUN-LE-ROMAN)

A la claire fontaine
Mes mains y ai lavées,
A la feuille du chêne
Je les ai essuyées.
Vous m'avez tant aimé
Et vous m'avez délaissé.

Sur la plus haute branche
Le rossignol chantait.
Chante, rossignol, chante,
Tu as beau z'à chanter.
Vous m'avez, etc.

Tu as le cœur en joie,
Moi je l'ai en regret,
De ma belle maîtresse
Qui va se marier.
Vous m'avez, etc.

Pour un bouton de rose
Que je lui ai refusé.
Je voudrais que la rose
Soit encore au rosier.
Vous m'avez, etc.

Je voudrais qu' le rosier
Soit encore à planter,
Et que la jeune fille
Soit encore à m'aimer.
Vous m'avez tant aimé
Et vous m'avez délaissé.

NOTE.

Cette jolie chanson est extrêmement répandue et je ne l'aurais pas donnée ici si la leçon qui précède, et que je dois à M. le comte de Maigret, n'offrait des variantes assez notables. En Normandie, les douces plaintes qu'on vient de lire sont, avec plus de raison peut-être, celles d'une jeune fille :

Mon amant m'a laissée
Pour un bouton de rose
Que je lui ai refusé.

Je voudrais que la rose
Fût encore au rosier,
Et que le rosier même
Fût encore à planter.

Et que le planteur même
Ne fût pas encore né,
Et que mon ami Pierre
Fût encore à m'aimer.

Dans son recueil, M. Tarbé a publié une leçon de cette chanson (t. II, p. 204). Elle est connue avec des différences peu sensibles au Canada où M. Marmier dit l'avoir entendu chanter. Elle a été effectivement imprimée à Montréal, dans le *Répertoire canadien* de Hutson (1848), et dans le recueil de M. Gagnon, n° 5 ; voyez à ce sujet un des articles que M. Rathery a donnés dans le *Moniteur*, sur la poésie populaire, numéro du 26 août 1853. M. Auricoste rappelle aussi que M. Maurice Sand parle de cette chanson dans ses *Mille lieues à toute vapeur*. Il raconte qu'à Québec il l'a entendu chanter par un M. Cartier qui avait appris à des officiers anglais à en répéter le refrain. Le lecteur aura remarqué dans ces couplets si répandus deux vers de la chanson de Malborough :

> Sur la plus haute branche
> Le rossignol chantait.

LXXXIV

Les trois Sœurs

RONDE

(BOUSSE)

Nous somm's trois sœurs dans un château,
Nous somm's trois sœurs à marier,
Nous allons toutes danser dans un pré.
Allons ! gai, mes compagn's, qu'il fait bon danser !

Quand nous étions à danser,
Par là passe un jeune berger,
La plus jeune il voulut embrasser.
Allons ! gai, mes compagn's, qu'il fait bon danser !

Nous courûm's tout's pour l'en empêcher ;
Le berger timid' la laisse aller.
Nous blâmâm's tout's sa timidité.
Allons ! gai, mes compagn's, qu'il fait bon danser !

NOTE.

Cette ronde rappelle un peu deux chansons qui ont été données dans la première partie de ce recueil, et une ronde qui a été imprimée dans les *Chansons d'autrefois* :

> Nous étions trois filles
> Bonnes à marier ;
> Nous nous en allâmes
> Dans un pré, danser.
> Dans le pré, mes compagnes,
> Qu'il fait bon danser..., etc.

LXXXV

Le Champ de pois

RONDE

(SERROUVILLE)

Mon père avait un champ de pois,
Il l'a fait garder par moi,
J'en mangea deux, j'en cueilla trois.
Les nuits sont trop courtes pour moi ;
Oh ! qu'il fait beau, oh ! qu'il fait doux
      Faire l'amour !
Les nuits d'été sont un peu courtes
Pour un amant faire l'amour.

Je fus malade, au lit, trois mois ;
Les nuits sont trop courtes pour moi,
Tout le monde me vint voir.
Les nuits, etc.

N'y a qu' mon amant qui ne vint pas,
Les nuits sont trop courtes pour moi ;
Je lui ai écrit jusqu'à trois fois.
Les nuits, etc.

Il est venu la troisième fois,
Les nuits sont trop courtes pour moi.
— Avez-vous chaud, avez-vous froid ?
Les nuits, etc.

Je suis malad' depuis trois mois,
Les nuits sont trop courtes pour moi.
Je n'ai pas chaud, mais j'ai grand froid.
Les nuits, etc.

NOTE.

Je n'aurais pas donné ces couplets incohérents s'ils n'offraient une variante à une pièce publiée dans le *Romancero de Champagne*, et qui, suivant M. Tarbé, serait un souvenir du fameux Renaud de Montauban, l'un des quatre fils Aymon. Cette chanson commence ainsi :

> Oh ! Renaud, réveille, réveille,
> Oh ! Renaud, réveille-toi !
> Mon père m'avait planté un bois,
> Oh ! Renaud, réveille-toi !
> Dedans ce bois y avait des noix.
> . . . .
> J'en cueille deux, j'en mange trois.
> . . . .
> J'en fus malade, au lit, neuf mois.
> . . . .
> Tous mes parents m'y venaient voir.
> Et mon amant n'y venait pas, etc.

Le reste suit d'abord à peu près la même marche que dans notre chanson, puis les détails deviennent passablement libres. Que ce soit bien Renaud de Montauban dont il soit question, cela ne nous semble pas prouvé.

A Serrouville on chante cette chanson ainsi :

> Mon père avait un champ de pois,
> Il l'a envoyé garder par moi,

> Coucou,
> J'entends le loup,
> Le renard, aussi le lièvre,
> J'entends le loup,
> Le renard au bois.

> Il l'a envoyé garder par moi.
> J'en cueillis deux, j'en mangea trois,
> Coucou, etc.

> J'en fus malade au lit trois mois,
> Et tout l' monde m'y venait voir.

> N'y a qu' mon amant qui n'y vint pas.
> J' l'ai demandé deux ou trois jours.

> Le quatrième il y est venu.

> — Bonjour, ma mie, comment vous va ?

> Avez-vous chaud, avez-vous froid ?

> Je n'ai pas chaud, je n'ai pas froid.

> Jetez votre manteau sur moi.

> De vos doux yeux regardez-moi, etc.

Le vingt-huitième volume de la Société d'émulation de Cambrai donne, p. 233, une variante de cette chanson, elle commence ainsi :

> Mon père avait un petit bois
> Où nous allions cueillir des noix.

Elle finit ainsi :

> Je fus au lit pendant trois mois,
> Mes parents sont v'nus plusieurs fois
> Et mon amant n'y était pas.
> Mais il vint une autre fois.
> Devinez ce qu'il m'apporta.
> Pour le mariage un bon contrat.

Dans cette version il n'est, du reste, pas question de Renaud.
V. encore *Chants pop. des provinces de l'Ouest*, t. I, p. 115, et *Chansons du Canada*, p. 111.

LXXXVI

L'Anneau

RONDE

(MALAVILLERS)

Où est-il, mon amant,
A l'heure de maintenant?
Il est à Paris,
Ou bien à Orléans.
Où sont-ils ces rosiers blancs
Qui fleurissent en boutons d'argent?

Il apprend à faire
Des anneaux d'argent.
Le premier qu'il a fait,
Il m'en a fait présent.
Où sont-ils, etc.

Il l'a mis à mon doigt,
Il y a resté sept ans,
Et au bout de sept ans,
Voilà l'anneau fendu.
Où sont-ils, etc.

Voilà l'anneau fendu,
Nos amours sont perdus.
Voilà l'anneau relié,
Nos amours sont retrouvés.
Où sont-ils ces rosiers blancs
Qui fleurissent en boutons d'argent?

NOTE.

Cette ronde a été, avec de légers changements, publiée dans les *Chansons populaires des provinces de France*, p. 168.

LXXXVII

Les trois Demoiselles

RONDE

(MALAVILLERS)

A la claire fontaine,
Devant le palais du roi,
Il vint trois demoiselles
Se baigner par devant moi.
Rossignol n'a pas d'amour,
Chantons la nuit et le jour.

Je lui dis, à la plus jeune :
— Mignonnette, embrassez-moi.
— Hélas ! Monsieur, comment ferais-je ?
Vous êt's trop éloigné de moi.
Rossignol, etc.

— Donnez-moi vôtre main blanchette
Et vous approchez de moi.
Quand il eut la main de la belle,
L'anneau d'or lui mit au doigt.
Rossignol, etc.

— Nous mettrons nos gages ensemble
Et nous marierons, vous et moi.
Vous irez servir la reine
Et j'irai servir le roi.
Rossignol n'a pas d'amour,
Chantons la nuit et le jour.

NOTE.

Chants pop. des provinces de l'Ouest, t. I, p. 134.

LXXXVIII

Les Canards blancs

RONDE

(LEXY)

Derrièr' chez nous l'y a un étang,
— Levez les pieds légèrement.
Les canards blancs s'y vont baignant,
— Levez les pieds, bergère, bergère,
Levez les pieds légèrement.

Le fils du roi s'en va chassant,
— Levez les pieds légèrement,
A tout tué les canards blancs.
— Levez les pieds, bergère, bergère,
Levez les pieds légèrement.

Dessous les ail's on voit du sang,
— Levez les pieds légèrement,
Au bout du bec l'or et l'argent.
— Levez les pieds, bergère, bergère.
Levez les pieds légèrement.

Que ferons-nous d' tout cet argent?
— Levez les pieds légèrement.
C'est pour marier nos jeunes gens.
— Levez les pieds, bergère, bergère,
Levez les pieds légèrement.

NOTE.

Cette chanson est connue en Normandie, elle a été publiée par M. de Beaurepaire, de la manière suivante :

> Derrière chez mon père
> Il y a un petit étang.
> Trois canards s'en vont mirant.
> Le fils du roi y vint chassant.
> Et tire sur celui de devant.
> O fils du roi, tu es méchant !
> Tu as tué mon canard blanc.
> J'ai vu la plume voler au vent.
> Et par le bec l'or et l'argent.

LXXXIX

La Blonde et le Canard blanc

RONDE

(MALAVILLERS)

Mon pèr' m'a fait bâtir un château,
Il n'est pas grand, mais il est beau.
O ma charmante blonde,
Vous avez un petit cœur
Qui charme tout le monde.

Il n'est pas grand, mais il est beau,
Il est bâti sur trois carreaux.
O ma charmante, etc.

Ces trois carreaux sont en argent,
Il est pavé de marbre blanc.
O ma charmante, etc.

Et la rivière passe devant,
Les canards blancs y vont baignant.
O ma charmante, etc.

Dessous leurs plum's y sort du sang,
Au bout du bec l'or et l'argent.
O ma charmante, etc.

— Que ferons-nous de tant d'argent?
C'est pour marier nos enfants.
O ma charmante blonde,
Vous avez un petit cœur
Qui charme tout le monde.

NOTE.

A Retonfey la fin de cette ronde bizarre est différente :

> Le fils du roi s'en va chassant,
> Visa le noir, tua le blanc.

> — Oh! fils du roi, tu es méchant
> D'avoir tué mon canard blanc!

> D'avoir tué mon canard blanc!
> — C'est pour en fair' des plumons blancs.

> C'est pour en fair' des plumons blancs.
> Le fils du roi couchera dedans, etc.

M. Stœber a fait remarquer (*Elsœssisches Volksbüchlein*, p. 162) que les canards, dans les croyances populaires, semblent avoir quelque chose de magique. Il cite à ce sujet une variante des chansons précédentes et la regarde comme devant être très-ancienne et ayant un caractère mythique :

> Mon père m'a fait bâtir un château,
> Sur l'herbette nouvelle,
> Ah! je m'en vais
> Sur l'herbette nouvelle.

> L'a fait bâtir sur trois carreaux,
> Sur l'herbette nouvelle.

> De par dessous, ruisseau coulant,
> Sur l'herbette nouvelle.

> Les trois canards s'y vont baignant,
> Sur l'herbette nouvelle.

Le fils du roi les va mirant,
Sur l'herbette nouvelle.

Il a tiré sur le devant,
Sur l'herbette nouvelle.

De par les yeux sortit le sang,
Sur l'herbette nouvelle.

De par le bec l'or et l'argent,
Sur l'herbette nouvelle.

Ah! je m'en vais
Sur l'herbette nouvelle.

Dans une chanson populaire allemande, il est aussi question d'un château bâti avec de l'or et de l'argent :

Es liegt ein Schloss in Oesterreich,
Das ist ganz wohl gebauet
Von Silber und von rothem Gold.
Mit Marmorstein gemauert.

Le reste est d'ailleurs sans analogie avec les chants précédents.

Voyez encore *Canti Monferrini*, n° 69; *Canti inediti*, p. 152; *Chants pop. de la Provence*, t. II, p. 103; *Bulletin du Comité de la langue*, t. I, p. 262; *Chants pop. des provinces de l'Ouest*, t. II, p. 134; *Chansons du Canada*, p. 112.

XC

La nouvelle Mariée

(MALAVILLERS)

A Paris l'y a une fille
Mariée nouvellement,
Elle se coiffe, elle se mire
Dans un beau miroir d'argent,
Comme le vent, comme la plume,
Comme le vent légèrement.

Elle appelle sa servante :
Marguerite, venez-vous-en.

Venez voir si je suis belle,
Si mon miroir il y ment.

— Vous êtes un peu brunette,
Ce sont les plus belles gens.

— Si je savais être brune,
Je maudirais mes parents.

Je maudirais père et mère,
Mon mari premièrement.

Le mari qui est aux écoutes
Qui entend ce compliment :

— Taisez-vous, petite sotte,
Vous parlez trop hardiment.

Quand vous étiez chez votre père,
Vous viviez bien pauvrement.

Vous portiez des jupes de toile,
Des souliers percés devant.

A présent vous portez robes,
Des souliers garnis d'argent.

Et vous n'allez à l'église
Qu'avec cinq ou six servants.

L'un porte votre livre,
L'autre porte vos gants.

L'un porte votre livre,
L'autre porte vos gants,
L'autre porte le fauteuil
Pour asseoir madame dedans.
Comme le vent, comme la plume,
Comme le vent légèrement.

NOTE.

Tous les couplets sont rhythmés comme le premier et le dernier. On retrouve les quatre premiers vers de cette pièce dans la *Comédie des chansons* (acte 1er, sc. III). Elle est connue dans beaucoup de provinces, comme le prouve la collection de la Bibl. nationale. Cénac-Moncaut l'a recueillie en Gascogne (p. 329) et Pelay-Briz en Catalogne (*Cansons de la Terra*, t. I, p. 167).

XCI

Les Adieux du Soldat

(LUTTANGE)

Adieu père, adieu mère,
Adieu tous mes parents,
Adieu et sœurs et frères,
Et ma maîtresse aussi,
Je m'en vais à la guerre
Servir le roi Louis.

Si j'étais hirondelle,
Que je pusse voler,
Sur le sein de la belle
J'irais me reposer,
Sur sa bouche vermeille
Un doux baiser prendrai.

NOTE.

Cette chanson est sans doute incomplète. Elle est peut-être formée de la jonction de deux couplets appartenant à des pièces différentes. Nous retrouvons l'idée du second dans une chanson de l'Angoumois et dans ces vers recueillis au Canada :

> Si j'étais hirondelle,
> Vers toi, belle demoiselle,
> Par derrière ces rochers,
> J'irai prendre ma volée,
> Sur vos genoux la belle
> J'irai me reposer,
> Pour raconter la peine que j'ai.
>
> (P. 196.)

On lit dans le recueil de Pitrè (t. I, p. 213) :

> O Diu ! chi fussi oceddu chi vulassi
> Chi volu e vaju nna l'amanti mia.

Pitrè rapproche ces vers de ceux d'un chant toscan qui est plus près du nôtre :

> Dio lo volesse, fossi un uccellino,
> Avessi l'ale da poter volare.

Bien d'autres analogies pourraient être rapportées.

XCII

Le Congé du Soldat

(LUTTANGE)

J'ai servi Sa Majesté,
Je viens d'avoir mon congé.
En sortant d'apprentissage,
Je n'étais pas dégourdi.
A présent j'ai l'avantage
D'être beaucoup plus hardi.

Un officier très-galant
Me dit un jour en passant
Sur le quai de la Ferraille :
Voulez-vous servir le roi ?
Vous êtes jeune et de taille,
Venez-vous-en avec moi.

Je lui dis : Je veux avoir
Un habit bleu et parements noirs ;
Dès longtemps j'ai grande envie
De servir le roi Louis.
Êtes-vous dans Normandie ?
Comptez-moi quatre louis.

Il ne se fit pas prier,
Ni moi non plus de signer.
Huit ans j'ai servi mon prince,
Avec beaucoup d'agrément ;
Puis je vais dans ma province
Pour revoir tous mes parents.

Adieu belle garnison,
Beau rempart et bastion,
Adieu fort et citadelle,
Armés de bombes et de canons,
Où j'étais en sentinelle,
Pour y faire faction.

Colonel et commandants,
Capitaines et lieutenants,
Officiers remplis de gloire,
Je publierai vos exploits,
Et j'aurai toujours mémoire
D'avoir été sous votre loi.

Vous sergents et caporaux,
Compagnons de mes travaux,
Approchez-vous, anspessades,
Laissez-moi vous embrasser,
Adieu tous mes camarades,
Puisque je vais vous quitter.

Amis, buvons et trinquons
A la santé des Bourbons,
A la santé de la belle,
Qu'autrefois j'ai caressée,
Puisque mon amour me rappelle,
Je pars avec mon congé.

XCIII

Manon

(MALAVILLERS)

Un père a marié Manon
Avec le baron d'Apremont,
Court et bon, tourlourette,
Court et bon, tourlouron.

Mais c'est un pauvre baron,
Qui a pour tout bien une maison.
Court et bon, etc.

A pour tout bien une maison,
Avec un troupeau de moutons.
Court et bon, etc.

Le feu a pris à la maison,
Les loups ont mangé les moutons.
Court et bon, etc.

Les loups ont mangé les moutons.
Les cornes sont restées au baron.
Court et bon, etc.

Les cornes sont restées au baron,
On les a mises sur sa maison.
Court et bon, etc.

On les a mises sur sa maison,
Tous ceux qui les verront diront :
Court et bon, etc.

Tous ceux qui les verront diront :
Voilà les armes du baron.
Court et bon, tourlourette,
Court et bon, tourlouron.

NOTE.

M. Dumont, dans les *Ruines de la Meuse* (t. III, p. 81), a cité ces couplets. Il pense que ce que d'ignorants ou malins vassaux prenaient pour des cornes devaient être les queues de lions qui se dressent sur les armoiries des d'Apremont, en souvenir sans doute de quelque action héroïque. Comparez à la *Fiancée du baron* (*Poésies pop. de l'Armagnac*, p. 95, n° XXIX).

XCIV

Pourquoi chanter

(LUTTANGE)

Pourquoi vouloir qu'une personne chante
Lorsqu'ell' n'a pas le cœur en liberté,
Laissez chanter ceux que l'amour contente
Et laissez-moi dans mon malheur pleurer.

Pleurez, mes yeux, pleurez mon sort funeste,
J'ai tout perdu en perdant mon Iris ;
Ne cess'rez-vous de dire, ma maîtresse.:
Ah ! rendez-moi ce que vous m'avez pris !

Que faut-il donc, belle Iris, pour vous plaire ?
Faut-il mon sang, il est prêt à couler,
Mais si mon sang ne peut vous satisfaire,
Faut-il ma mort, vous n'avez qu'à parler?

Après ma mort vous pleurerez, je l' jure,
Vous gémirez, il ne sera plus temps,
Vous pleurerez dessus ma sépulture
En regrettant le plus funeste amant.

Prenez mon cœur et n'en prenez point d'autre,
Il est à vous, je n'y prétends plus rien.
Mais si j'apprends que vous en aimez d'autres,
Tout aussitôt je reprendrai le mien.

NOTE.

Combien de cœurs pris, échangés, volés dans les chants populaires ou artistiques italiens, espagnols, portugais, depuis un sonnet de Dante, retrouvé par Arrivabene, jusqu'au fameux impromptu de Mascarille ! Notre chanson a des prétentions au beau style, elle ne manque d'ailleurs ni d'incohérences, ni d'une espèce d'harmonie.

XCV

Le Mari battu

RONDE

(RETONFEY)

En revenant de la foire,
De la foire à Saint-Denis,
J'ai rencontré une dame
Qui battait tant son mari.
Tu ris, tu ris, bergère,
Ma bergère, tu ris.

Je lui dis : bonne dame,
Pourquoi l' battez-vous ainsi

— C'est qu'il dit par toute la ville
Que j'en ai d'autres que lui.

Je voudrais que tous les hommes
Soient cuits en poulets rôtis.

Que toutes les jeunes dames
Soient placées en paradis.

Et que toutes les jeunes filles
Soient mariées à leur plaisir.
Tu ris, tu ris, bergère,
Ma bergère, tu ris.

XCVI

Ronde

(RETONFEY)

J'ai entouré les bois,
Cueillant la violette,
J'en cueillis plein mes gants,
Plein ma jolie pochette.
Sautons le petit saut
Et le saut d'amourette.

J'en ai trois brins de trop,
Je ne sais où les mettre.
Sautons.....

Je les ai mis sur mon sein,
Dessous ma gorgette.
Sautons.....

Il n'y a personne au monde
Qui me les a vu mettre.
Sautons.....

Si c' n'est le forestier des bois,
Qui est dans sa logette.
Sautons.....

Qui m' dit: La belle, la belle,
Vous y laisserez gage.
Sautons.....

Et quel gage laisserais-je,
Je n'ai ni bœuf, ni vache.
Sautons.....

Et ni brebis, ni mouton
Qui seraient en dommage.
Sautons.....

Et ni brebis, ni mouton
Qui seraient en dommage,
Ce que vous laisserez, la belle,
C'est votre cœur en gage.
Sautons le petit saut
Et le saut de l'usage.

XCVII

Ronde

(VIGY)

Mon père a épousé ma mère
A l'âge de quatre-vingts ans,
Il dit qu'il n' mariera ses filles
Qu'elles n'en aient chacune autant.
Quand j'y pense, le cœur me crève ;
Quand j'y pense, le cœur me fend.

Moi qui n'ai que seize ans d'âge,
Que ferais-je de mon temps ?

Je m'en irai bien à Metz,
Oui, à Metz dans un couvent.

Je prierai la mère abbesse
De m'envoyer un amant.

Je prierai la mère abbesse
De m'envoyer un amant,
Et aussi le Père prieur
De m'en envoyer autant.
Quand j'y pense, le cœur me crève ;
Quand j'y pense, le cœur me fend.

XCVIII

Ronde

(VIGY)

J'avais juré, mesdames,
De n'aimer de la vie,
Mais l'amour fort joli
Me fait changer d'avis.
   La musique et la danse
   M'éloignent du souci.

Mais l'amour fort joli
Me fait changer d'avis,
Pour un certain jeune homme
Qui n'est pas loin d'ici :
   La musique, etc.

Pour un certain jeune homme
Qui n'est pas loin d'ici :
Il a pour héritage
La beauté et l'esprit.
   La musique, etc.

Il a pour héritage
La beauté et l'esprit.
Ah ! voyez voir, mesdames,
Si j' n'ai pas bien choisi.
   La musique, etc.

Ah ! voyez voir, mesdames,
Si j' n'ai pas bien choisi
D'avoir pour mon mari
Cette fleur du pays.
    La musique, etc.

D'avoir pour mon mari
Cette fleur du pays.
Et vous, mesdemoiselles,
Pouvez choisir aussi.
    La musique, etc.

XCIX

Ronde

(VIGY)

La plus aimable à mon gré, (*bis*)
Je vais vous la présenter, (*bis*)
Je la fais passer par derrière,
Ramène tes moutons, bergère,
Ramène tes moutons des champs,
Ramenez-les à la maison.
 Jeunes pastourelles,
 Entrez dans ce rond
  Tout rond,
 Faites-nous connaître
 A qui votre cœur est bon.

C'est la fille à Guillaume
Et le fils à Saint-Jean,
 Bon enfant,
Ce sont des gens tout comme,
On n'en voit pas souvent.
Embrassez-vous un coup
 Et retirez-vous.

C

Le Pou et la Puce

(VIGY)

Un pou et une puce
Sur un tabouret,
Avec un jeu de cartes,
Jouaient au piquet.
La puce en colère
Prend le pou par les cheveux,
Et le jetant par terre
Lui crève les yeux.

CI

Le Cousin

(MALAVILLERS)

S'en vint frapper à ma porte,
Un soir, un gros pèlerin ;
Il appela ma femme cousine,
Ticton, ticton, tictontaine,
Ma femme lui dit cousin,
Tictontaine, tictontin.

— Par rapport au cousinage,
A souper vous aurez ici.
Tictontaine, tictonti.

Je lui fais cuire une poularde,
Une bécasse, une perdrix,
Tictontaine, tictonti.

Je lui fais faire une couchette
A quatre pas de mon lit.
Tictontaine, tictonti.

. . . .

Quel grand diable de cousinage,
Quel cousinage est ceci ?
Tictontaine, tictonti.

Je me croyais honnête homme,
Maintenant c... me voici,
Tictontaine, tictonti.

Mais pourtant ce qui me console,
C'est qu' mon voisin l'est aussi,
Tictontaine, tictonti.

Mais pourtant ce qui me console,
C'est qu' mon voisin l'est aussi,
Mon voisin l'est de dimanche,
Ticton, ticton, tictontaine,
Et moi je le suis de lundi,
Tictontaine, tictonti.

NOTE.

M. Auricoste de Lazarque m'a envoyé de Retonfey une autre version de cette chanson. Là le prétendu cousin est un petit frère jacobin, le refrain est différent : *J'ai la mirlontaine, j'ai la mirlontaine dario, j'ai la mirlontaine dari.*

La collection manuscrite des poésies populaires de France contient (Ardennes, recueil VII, n° 25) une autre rédaction de notre chanson, elle commence ainsi :

> Le premier jour de mes noces,
> Vous n'savez ce qui m'arriva,
> J'entends frapper à la porte,
>   Ticton, tictontaine,
> Ma femme dit qu' c'es' son cousin.
>   Tictontaine, tictontin.

Inutile de rappeler que chaque couplet commence par les deux derniers vers du couplet précédent séparés par le refrain tictontaine.

CII

Les Charpentiers du Roi

(METZ)

Mon père a fait bâtir maison,
Jacques Métrique me ron, don, don ;
Les charpentiers du roi y sont,
Toqueye, bobeye, fosseye,
Trebaye, carotte, brocotte,
Petenaille, jolaille, Collin, Mertin,
Brochons les navets,
Jacques Métrique me ron, don, daine,
Jacques Métrique me ron, don, don.

Les charpentiers du roi y sont,
Jacques Métrique me ron, don, don ;
Plus ils travaillent moins ils font,
Toqueye, etc.

NOTE.

Nous avons recueilli ces étranges couplets parce que jamais on n'a plus donné raison à l'axiome de Figaro : « Ce qui ne vaut pas la peine d'être dit on le chante. » Si les *Charpentiers du Roi* n'ont d'autre mérite que d'offrir un échantillon de ces mots baroques et privés de sens dont s'amuse souvent la poésie populaire, l'air en est fort original et d'une grande animation. Peut-être a-t-on voulu, par une burlesque onomatopée, imiter les bruits que produisent des charpentiers à l'ouvrage. Une ronde connue à Varize, et que m'envoie M. Auricoste, a du reste un refrain du même genre et qui rappelle un refrain des *Noëls de la Monnoye* :

> Si mon père m'a marié,
> Jacques Métrique et mi ron, dondaine ;
> Un vieillard il m'a donné,
> Jacques Métrique et mi rondondé,
> Vanné, coquei, barbei, quesei,
> Fresey, Merlin, tourchon, bacca des navets ;
> Jacques Métrique et mi rondondaine,
> Jacques Métrique et mi rondondé.

Dans une pièce du *Théâtre du Boulevard*, Isabelle chante le premier vers de notre couplet. On le retrouve dans les *Chansons du Canada*, p. 63.

LES DAILLEMENTS

Les daillements ou day'mans dont je ne me suis pas occupé dans la première édition de ce recueil, appartiennent assez à la littérature populaire pour trouver place ici. Mais il faut d'abord expliquer ce qu'on entend par ce mot, et pour le faire nous profiterons d'une note qui nous a été remise par un littérateur éminent de notre province, par M. V. Vaillant, rédacteur en chef du *Vœu national de Metz*, journal dont la fondation remonte loin et qui a survécu à l'annexion. « Les daillements sont des espèces de colloques plus ou moins rimés ou assonancés, d'inspiration en général satirique, qui se produisaient au retour des veillées ou *quouairails*, principalement le samedi, et finissaient avec elles. Ils étaient surtout débités par le beau sexe dont l'esprit est plus subtil, mais les hommes à l'occasion y prenaient part. C'est en frappant à la fenêtre de la pièce où se tenait la veillée que le demandeur entrait en scène en disant: *Voleuv ve daillé?* on répondait de l'intérieur, puis les demandes et les ripostes s'entre-choquaient. Souvent les questions avaient pour sujet une aventure de la personne interpellée, ou contenaient une plaisanterie sur son physique, sur ses habits, son caractère, etc. Il fallait répondre sur le même ton, et toujours en rimant ou à peu près. La critique était plus fréquente que l'éloge dans ces improvisations, aussi peut-on dire des daillements qu'ils étaient un épanchement de verve gauloise et d'esprit satirique au gros sel. Le demandeur qui essayait de rester inconnu, pour lâcher une grosse méchanceté, déguisait sa personne et sa voix, mais il arrivait que pour se venger, d'une fenêtre, l'insulté répandait sur l'insulteur le contenu d'une *cassolette*, comme celle que Molière a mise dans les mains de Trufaldin. En somme, l'interpellé qui restait court était considéré comme battu. Les daillements ont continué jusqu'en 1870, depuis l'annexion ils ont disparu ou à peu près. »

M. Vaillant a bien voulu joindre à ces renseignements l'envoi d'un choix de daillements recueillis à Maizeroy. Ce choix est suffisant pour donner l'idée de ce genre de composition. M. F. Bonnardot a publié, dans *Mélusine* (p. 510), une cinquantaine de daillements dont une partie lui a été fournie par M. E. Roland et M. Nerée Quépat. Il les a fait suivre de pièces du même genre très-curieuses empruntées à un manuscrit exécuté à Metz, et qui montrent que par le fond comme par la forme les daillements modernes procèdent de ceux du XVe siècle. — Quelques-unes de ces petites pièces commencent par des noms de fleurs ou de plantes, comme beaucoup de *stornelli* italiens avec lesquels d'ailleurs il n'y a pas, ce nous semble, à établir d'autres analogies. Remarquons-le, en passant, plusieurs chants roumains — ceux-là épiques — ont un début du même genre et sans relation avec le reste de la pièce : *Feuilles vertes de la plante sauvage... Feuilles vertes d'ivraie.....* Les daillements étaient en usage dans toute la partie française de la Lorraine et, on peut le croire, dans quelques autres provinces. On lit dans le *Catalogue de Viollet-Leduc*, t. II, p. 135, cet extrait des *Adevinaux amoureux* : « Je vueil maintenant réciter plusieurs demandes et adevinailles que soloient faire les jeunes compaignons aux matrones et aux filles, èz assemblées qu'ils faisoient aux longues soirées d'hiver. » Dans le prologue des *Escraignes dijonnoises* (Rouen, MDCXLVIII, (p. 4.), Tabourot parle des veillées où se réunissent les paysannes et ajoute : « Elles vont d'escraignes à autres se visiter et là font des demandes les unes aux autres. » Les daillements semblent inconnus dans les villages de langue allemande de l'ancien département de la Moselle, mais on les retrouve sur les bords de la Sarre où ils paraissent se confondre avec les pratiques des Valentins. On les appelle là le jeu du *Mütterchen*. Dans les soirées d'hiver une jeune fille s'approche d'une maison où se tient une veillée, elle frappe au volet en disant : « *Mütterchen* (petite maman). » On ouvre la fenêtre et l'on demande ce qu'il y a. La jeune fille contrefait sa voix et répond : « Petite maman, donnez-moi un mari. » Quelquefois le dialogue a lieu en vers. On se consulte et l'on adjuge à la jeune fille un vieux célibataire, un ivrogne, un veuf, un personnage ridicule. La même scène recommence dans les maisons voisines.

Daillements

(MAIZEROY)

I.

— Vleuve daillier?
— De quoi? — D'amour.
— Puisque d'amour vous voulez parler,
Dites-moi ce que c'est que d'aimer?

II.

— Je vous vends la feuille de persil sauvage
        Qui est dans notre massage.
— Il y a autant de m... et de p... dans votre pa-[rentage
Que de feuilles de persil dans votre massage.

III.

— Je vous vends la feuille de veigne.
— Le plus beau de votre compagnie a la teigne.

IV.

— Je vous vends les remori (?)
Qui sont dans note jaidi
— Si les garçons le savaime, ils y courrin
Plutôt qu'au motin.

V.

Vous, la jeune bacelle,
Qui faites des raies si belles
Et de si beaux chignons,
Vous avez autant de poux et de lentes
Que notre vache de poils sous le vente.

VI.

— Je vous vends la grosse Babet
Qui attend son galant dans la ruelle,
Dont sa maman lui cherche querelle.
— Mieux vaut voir son galant à midi
Que l'attendre, comme la Bibi,
Dans son lit.

VII.

— Je vous vends le Pierre qui ne bouge
Que pour aller au cabaret se faire le nez rouge.
— Toi, quand tu vas au cabaret,
Tu bois chopine sans payer.

VIII.

— Je vous vends mon tour, mon joli tour,
Les cordes sont d'or,
Jamais mon tour n'a tant fait de tours
Que j'aime mon amant par amour.

IX.

— Vous qui êtes si savante, pourriez-vous me dire
[un jour
Combien il faut de boules de neige pour chauffer un
[four?
— Il faut autant de boules de neige pour chauffer
[un four,
Qu'il faut de graines d'amour pour s'aimer un jour.

X.

— Madame, qui êtes si savante, pourriez-vous me
Combien il faut de briques de savon   [dire
Pour paver la ville de Lyon?
— Il faut autant de briques de savon
Pour paver la ville de Lyon,
Qu'il faut de graines de riz
Pour paver la ville de Paris.

XI.

— Si votre amour était sur un poirier,
Comment feriez-vous pour l'embrasser?
— J'irai de branche en branche, de branchette en
[branchette
Et j'embrasserais mon amoureux à la pincette.

XII.

Je vous vends mon tablier de soie
Qui est plié devant moi,
En fil d'or, en fil d'argent ;
C'est mon amant

Qui m'en a fait présent
La veille de son enterrement.

XIII.

Je vous vends l'or et la couronne,
On dit que les tailleurs sont des gentilshommes.
Toutes filles qui les épouseront,
Dames elles deviendront.

XIV.

Je vous vends les quatre carrés de notre jardin,
Le premier c'est du jasmin,
Le deuxième c'est des roses.
Embrassez-moi, la belle. — Je n'ose.
— Le troisième c'est des fraises,
La belle, je suis à mon aise,
Le quatrième c'est des melons.
— Ce n'est affaire aux filles d'embrasser les garçons.

XV.

Je vous vends le chaudron de fé,
Je suis fille de qualité,
Il faudrait un garçon de grand héritage,
Pour m'avoir en mariage.

XVI.

Je vous vends je ne sais quoi.
Dites-moi la raison pourquoi
L'amour vous tient, l'amour vous mène,
L'amour vous fait souffrir grand'peine ?

XVII.

— Je vous vends les quatre flambeaux d'argent
Qui sont sur notre porte devant,
Qui éclairent les amoureux,
Qui entrent deux à deux,
    Bien joyeux.

XVIII.

— Je vous vends les quatre flambeaux d'acier
Qui sont sur notre porte derrière,
Qui éclairent les amoureux,
Qui sortent bien honteux,
    Deux à deux.

CHANSONS PATOISES

CHANSONS PATOISES

I

Les Vêpres d'Anoux

NICHON

Chan petit, Chan joli, mon fi,
Quand at-ce que té t' mérirais,
    Dis-l'-mo, dis?

CHAN

Mére, ma bone mére, j' vos lo dis,
J'a co beun lo temps de m' mérier.
At-ce que v' croyeuz que j' vas m' mérier
Auss' jone que les autes ?
    Nani, nani.

NICHON

Chan petit, Chan joli, mon fi,
Qués bas échétrais-té é té mériaye,
    Dis-l'-mo, dis ?

CHAN

Mére, mé bone mére, j' vos lo dis,
J'a eine vieye pare de guettes pelayes,
At-ce que v' croyeuz qu' j' va li écheter
Des bèles chausses de soué comme les autes?
    Nani, nani.

NICHON

Chan petit, Chan joli, mon fi,
Qués solés échétrais-té é té mériaye,
    Dis-l'-mo, dis?

CHAN

Mére, mé bone mére, j' vos lo dis,
J'a eine vieye pare d' sébots félés,
At-ce qu' v' croyeuz qu' j' vas li écheter
Des bés solés d' méroquin comme les autes?
    Nani, nani.

NICHON

Chan petit, Chan joli, mon fi,
Qué roube échétrais-té é té mériaye,
    Dis-l'-mo, dis?

CHAN

Mére, mé bone mére, j' vos lo dis,
J'a co in vié sec d'étope,
At-ce qu' v' croyeuz qu' j' vas li écheter
Eine bèle roube en soué comme les autes?
    Nani, nani.

NICHON

Chan petit, Chan joli, mon fi,
Qué tabié échétrais-té é té mériaye,
    Dis-l'-mo, dis?

CHAN

Mére, bone mére, j' vos lo dis,
J'a eine vieye pé de berbis pelayes,
At-ce qu' v' croyeuz qu' j' vas li écheter
Ein bé couchot d' soué comme les autes?
    Nani, nani.

NICHON

Chan petit, Chan joli, mon fi,
Qué mochu échétrais-té é té mériaye,
    Dis-l'-mo, dis?

CHAN

Mére, mé bone mére, j' vos lo dis,
J'a co in vié cendri pelé,
At-ce qu' v' croyeuz que j' vas li écheter
Ein bé schall comme les autes?
    Nani, nani.

NICHON

Chan petit, Chan joli, mon fi,
Qué coëffe échétrais-té é té mériaye,
    Dis-l'-mo, dis?

CHAN

Mére, mé bone mére, j' vos lo dis,
J'a co in vié bonot d' queton pelé,
At-ce qu' v' croyeuz qu' j' vas li écheter
Ein bé bonot comme les autes ?
    Nani, nani.

NICHON

Chan petit, Chan joli, mon fi,
Qués pendorailles échétrais-té é té mériaye,
    Dis-l'-mo, dis ?

CHAN

Mére, mé bone mére, j' vos lo dis,
J'a co des énés d' ridiaux pelés,
At-ce qu' v' croyeuz qu' j' vas li écheter
Des bés pendorailles comme les autes ?
    Nani, nani.

NICHON

Chan petit, Chan joli, mon fi,
Qué pendure échétrais-té é té mériaye,
    Dis-l'-mo, dis ?

CHAN

Mére, mé bone mére, j' vos lo dis,
J'a eine vieye cru de bou pelaye,
At-ce qu' v' croyeuz qu' j' vas li écheter
Eine bèle cru comme les autes ?
    Nani, nani.

NICHON

Chan petit, Chan joli, mon fi,
Qués gants échétrais-té é té mériaye,
Dis-l'-mo dis?

CHAN

Mére, mé bone mére, j' vos lo dis,
J'a eine pare d' moffes pelayes,
At-ce qu' v' croyeuz qu' j' vas li écheter
Des bés gants comme les autres?
Nani, nani.

NICHON

Chan petit, Chan joli, mon fi,
Où at-ce qu' t' mottrez couchier té mériaye,
Dis-l'-mo, dis?

CHAN

Mére, mé bone mére, j' vos lo dis,
J' lé mottrem couchier dans not' étaupe d' herbis.
At-ce qu' v' croyeuz qu' j' lé mottrem
Dans des bés pieumons comme les autes?
Nani, nani.

NOTE.

Le nom donné à ce dialogue vient de ce qu'il se chante comme le premier psaume des Vêpres et de ce que la scène se passe à Anoux. Il m'a été fort difficile de retrouver une apparence de rhythme dans la conversation de Chan et de sa mère. J'ajouterai, pour les lecteurs étrangers à notre province, que Chan veut dire Jean et que Nichon est un diminutif d'Anne. On lit une pièce assez semblable à la nôtre dans les *Noëls et Chants populaires de la Franche-Comté*, nº 41.

II

La Gaye de m' nonon Chan

(MALAVILLERS)

C'oteut ein' foué ein' gaye
Qu'aveut d' l'entendement,
   M' n'ofant.

All' é sautey ein' haye
La haye de m' nonnon Chan,
   M' n'ofant.

All' é mingi ein chou
Qui valeut beun cent francs,
   M' n'ofant.

Co ein ari d' pourottes
Qu'en valeut ben austant,
   M' n'ofant.

— Ma foué! dit m' nonnon Chan,
J'en piadieran su l' champ,
   M' n'ofant.

All' s'en va-t-à l'audience
Les deux counes devant,
    M' n'ofant.

All' retrousseu sa quawe
Et s'assieteu su l' banc,
    M' n'ofant.

All' fayeut ein moncé d' crottes,
Ç'oteut p' payer l' sergent,
    M' n'ofant.

Et pu all' foureu s' coune
Dans l' c.. don président,
    M' n'ofant.

Là-dessus, lo président pote
Et s' sauve ; co m' nonnon Chan,
    M' n'ofant.

III

Même sujet

(ARS-LAQUENEXY)

C'ateut eine vieye bocotte
Qu'eveut au moins cent ans,
   M' n'afant,
L'é étu dans lo jédin
Dans lo jédin d' Chan Bertrand,
   M' n'afant.

L'é maingié eine tête de jotte
Que valeut beun cent francs,
   M' n'afant,
Eine hupaye de carattes
Qu'en valeut beun austant,
   M' n'afant.

L'é étu houyaye
Devant lo parlement,
   M' n'afant,
L'é levé sé quawe
All' s'est assieté sur un banc,
   M' n'afant.

L'é fourré ses counes
Dans l' c.. d on président, .
　　M' n'afant,
L'é remoinné de l'onguent
Po guérir lo mau des dents,
　　M' n'afant.

NOTE.

Nous avons donné ces deux rédactions parce qu'elles offrent d'assez grandes différences de patois. L'histoire de la chèvre et du président est célèbre aussi en Franche-Comté. Elle a été publiée dans la *Revue littéraire* de cette province par M. Max Buchon.

Il paraît que les aventures de la chèvre sont encore répandues dans d'autres provinces. (Voir à ce sujet *Bulletins du Comité de la langue*, t. IV, p. 356.)

IV

Les Queulots de Failly

Ç'ateut les queulots de Failly
Que s'en allint tos les venrdis
Vente zous mollots fromaiges,
Des coueiles de crème,
Des queugnots de beurre
Et tote sourte de lataige.

Quand lé mére li beilleu zous cheffieres :
— Tiens val des coueiles de crème,
Des queugnots de beurre
Et des mollots fromaiges,
Si tu n' mo repoute me doze bés francs
J' to beillera su l' visaige.

Qué malheur que j' n'atan me de Reba,
Ou de Saint-Himbé ou de quéqu'aute vilaige,
Ousque les gens de ces endreus-là
Ne vont me vente zout lataige.

Quand lé mére lo ouït parler :
— Chan, las-me veure si t'es doze francs ?
— O perdienne ! mére je n'en a me tant,
Ma ç' nat-me mé faute,
J'a vendu au merché çou qu' j'a pu
Comme les autes.

Quand lé mére lo ouït parler,
All' prend un boin péché fa de l'ennaye,
Et toche dessus so poure guéchon
Comme si all' chouyait la boaye.

NOTE.

Le mot queulot vient peut-être de *culot*, le dernier venu dans une famille. Dans un article de l'*Austrasie* (année 1839), on a donné des détails sur les usages de Failly, j'emprunte à cet article les lignes suivantes :

« Lorsque les confréries de fous s'organisèrent en Europe, le village de Failly eut la sienne sous le nom de *Chaty*, présidée par un maire et quatre conseillers. Aujourd'hui encore, le jour de la Purification, à l'issue des vêpres, le maire de Chaty, accompagné de ses conseillers, portant à la main une lance dont le millésime est 1514, se place au bas de l'escalier du cimetière pendant qu'un autre individu, nommé queulot, armé lui-même d'une perche fendue à l'extrémité de laquelle se trouve un torchon imprégné des matières les plus dégoûtantes, attend la sortie de l'office pour barbouiller les passants et surtout les plus belles toilettes. Tout le monde est *queulé,* même le pasteur lorsqu'il passe imprudemment près du fatal torchon. Cette cérémonie est continuée chaque dimanche jusqu'au mardi gras, auquel jour on nomme un nouveau *maire de Chaty* pour l'année..... Le premier dimanche de carême, on procède à l'élection du queulot pour l'année suivante. A cet effet, dès que la nuit est fermée, on allume une *bure* de javelle préparée d'avance, et les trois orateurs du village viennent débiter en patois des bouts rimés, composés sur le jeune marié qui donne le plus de prise à la critique. On appelle *item* cette sorte de versets. A la fin de chaque item qui finit par ces mots . *Ne mérite-t-il me d'éte queulot ?* L'assemblée répond en chœur : Queulot, queulot, queulot ! et les boîtes se font entendre. Le troisième item terminé, l'un des orateurs monte sur un tonneau et proclame le queulot à haute voix. »

(*Promenade archéologique au village de Failly,*
p. 198 du t. IV.)

Je ne sais si l'auteur de cet article n'a pas confondu deux choses différentes en parlant à la fois des *Queulots* et des *Chatis*. Diverses circonstances m'ont empêché d'aller, sur ce sujet, chercher moi-même des renseignements à Failly. Je donne donc ceux qui précèdent sans en garantir l'exactitude. Je rappellerai que la confrérie des *Chatis* ou *Chaitifs* était fort répandue. (V. Noël, *Mémoires pour servir à l'histoire de Lorraine*, n° 111; *l'Austrasie*, t. I, 1837, p. 160, et dom Carpentier, dans son supplément au Glossaire de Ducange, au mot *Captivare*.)

Dans une version des *Queulots de Failly*, qui m'a été chantée à Jouy, on débite à la suite de ce qu'on vient de lire les aventures d'un jeune *guéchon* et d'une beauté peu sévère de la rue du Pontifroy; puis arrivent, sans liaison aucune, des vers satiriques sur les dames de Metz. Il régnait dans cette version trop de désordre pour que j'aie pu m'en servir.

Le *Ranz des vaches des Ormonds* commence à peu près comme notre chanson :

    Les armaillés de Colombetta
    De bon matin se sont leva...

Il est ensuite question de la vente de fromages (*Altfranzœsische Volkslieder*, p. 121.)

V

Les Guéchons de Failly

C'at les guéchons de Failly
Queveignent é Metz tos les venredis,
Venre des mollats fromaiges,
Des coueles de crêm', des keuniats d' beure
Et tote sourte de lataige.

Ils n'y veignent mé qu'ils n' sint proprement
Et ils mattent zous bés réchats bliancs,
Des hauts dieumanches,
Ils sont auss' bés tos les venredis
Que quand ils vont su les danses.

Zous méres lou dijent : Colin Mangin,
T'és des guéyins po six francs,
Austant de molats fromaiges ;
S' té n' me rapoute mé doze bés francs
J' te defralra l' vesaige.

Ve les voyeuz les bés gallands,
D'ou longe de la rawe aux Allemands
Lé tête levaye ;
V' dirint é les veur aller
Qu'ils sont d'jè pleins de petnayes.

Et tot en sourtant don merchet,
Ils s'en vont dans ein kébéret,
Po compter zoute refâte,
Faut qu'ils songissent é s'en aller
Tot é lé pu grand hâte.

Quand ils n'ont m' refat zous doze francs
Ils s'en vont tojo to trembliants
Conte zout pére et zout mére,
Les poures gens qui s' détruisent cosi
É léborer lé terre.

— Eh beun! es t' refat tes doze francs?
— Eh niant! mé mére, j' n'en a m' tant ;
Ma ce n'a m' de mé faute,
J'a portant fat tot ce que j'a plu
J'a fat tot comm' les autes.

Quand zous méres les ouyent paler
De focheraye al's rayent ein péché
To nieu d' l'ennaye,
Al's tochent dessus les poures guéchons
Comme s'al's chawint lé bouaye.

Eh! lé malhour que j' n'attan m' né
Ai Vry ou beun é Saint-Himbé,
Ou dans quéqu' aute v'laige?
Nas méres ne m'érint envoyé
Venre des mollats fromaiges.

NOTE.

Je dois à M. Blondin, ancien greffier du tribunal de commerce de Metz, la communication de cette chanson beaucoup plus complète que celle qui a été donnée précédemment. C'est dans nos campagnes un des morceaux les plus populaires de la littérature patoise.

VI

L'Enterrement du Bossu

(MALAVILLERS)

Mon père z'y m'é marieye
    A in bosseuy.
Le premi jou d' mes noces
    M'é tant batteuye.
J' n' j' n' j' n' s'ra pu batteuye,
    Maudit bosseuy.

. . . .

Jé fa porti l' cercuey
    Par quat' bosseuyx.
C'ti-là qu' porteut la creuy
    N'aveut qu'in euy.

C'ti-là qu' porteut l' flambeau,
    Oteut roussiau ;
C'ti-là qu' fayeut la fosse
    Marcheut à crosses.

L' vicaire qu'oteut d'vant
    Grigneut des dents ;
L' mat d'écoul' qu'oteut dri
    Qu'en é tant ri ;
J' n' j' n' j' n' s'ra pu batteuye,
    Maudit bosseuy.

VII

L'Amant oublié

(SERROUVILLE)

Un dieumanche de buon matin
Je m'en allou voër ma mein.
Je mettou ein bé chapé,
Je mettou ein bé manté ;
Je montou sur not' gros ch'vau
Qui s'apelout le Mouriau.

Tot le long de ces grands chemins
Je trouvon des gens qui m' dijeint :
— Ah ! poure amouraou hontaou,
T'es louay ein poure procuraou,
Ta cause a étu mau mounaye,
Ta matrosse est mariaye.

Quand j'érivou dans Larimond[1]
J'oyou déjé l' carillon,
J'oyou les mentreys jouey,
J'oyou les gachons térey
J'oyou ben a laou ramaige
Qu'y s'agisseut d'un mariaige.

---

1. Village du canton d'Audun-le-Roman.

Je m'en allou dans laoü mouty,
Ma c' n'oteut pou z'y priy.
Ç'oteut por voër la mariaye
Si elle oteut maou ben paraye.

En entrant dans laoü mouty,
La mariaye m' rwati, j' la rwati ;
Ma le cœur de la mariaye
Saveut maou ben ma pensaye.

En sortant de laoü mouty
Le mariey me rwaty,
Le mariey et la mariaye
M'ont invité à lou dinay.
Y m'ont mins au pu haut bout
D'où qu' joteus le pu hontaou.

J'eveus le cœur si tafouchetay
Que je n' pelou rin avoley
Si non deuche ou treuche bonnes bouchies
Que m' bailleut ma douce amie.
J'a mis ma tête dessous m' chapé,
Et j' m' rentortiyeu dans m' manté.

J' m'en allou dans not' mojon,
J' m'a mins au lit d' bonne façon ;
J'en a avu la repousaye
De chinq ou chiche maou bonn's journayes.
Mé mare n' fayeut rien qu' trioley
Et m' pare jeureut des gross' mouchayes :
— Ah ! que maudit' soit la journaye
Que t'es étu voër la mariaye.

VIII

L'Infidèle

(MALAVILLERS)

J'avos ein' matrosse à Dapicout [1].
Jé l'allos vor presqu' tous les jous,
Jé n'atous me in grand dépensou ;
Avo ein mitan d' ferboulaye
Jé passos ma journaye.

J' m'y en allos dé grand matin,
Jé rencontra lé gros Martin
Y m' dit comm' ça : — Ous-que tu vas ?
Prends tes solays, mets-les sous t' bras,
Car c'est ein' chous' ben assurey
Que ta matrosse sa va mariey.

J'arrivo su l' haut des possons,
J'oyeus déjà les violons
Qui fayent des regniengniengniens
Y m'avant dit : — Bonjou m' cousin,
Atrez ci dedans not' mojon
On v' baré ein' tranche d' jambon.

---

1. Village sur la frontière du duché de Luxembourg.

Y m'avant fa assieur au culot,
Y n' m'avant baiy qu' du magot,
J'avos l' gorgeon si débrolay
Qué je n' peuleu rin avolay ;
Si c' n'avot étu la mariaye
Qui m' donneut queuq' bonn' goulayes.

All' m' rwatot, je la rwatos,
All' sopirot, jé sopiros
Çateut ben d' la faut' don curay
Qué ma matrosse ateut mariaye,
Ker si ç' n'avot m' étu l' curay
J'aros co pu la réchappay.

Y m'avant fa ben des hippeyes,
J'a ben vu qu' çoteut pou s' moquey ;
Y m'avant fa aller dansi,
Aco n'aveus-je pon d' sou p' payeï.
Avo mes gros et lourds solays,
Qu' m' coleut aux pis comm' des colays.

Y m'avant mi couchi su l' fon,
Pou don sommey j' n'en avos pon,
Y s'en sont v'nis couchi d' lé mi,
Et n'avant rin fa qu' d' s' margouli ;
J'a ben oyu a lou disaye
Qu' ma matrosse atout mariaye.

NOTE.

Ces deux chansons ont de nombreuses variantes en patois. (V. Oberlin, *Essai sur le patois lorrain*, n° 156.) Elles rappellent aussi la chanson française suivante que je dois à l'un de nos peintres les plus distingués, M. E. Michel :

Quand j'ai sorti de mon pays,
Du château de mon père,
Les nouvell's me sont arrivées
Qu' ma maîtresse était fiancée.
J'ai sellé mon cheval grison,
Je lui ai mis la bride ;
Un coup d'ép'ron lui ai donné
Pour aller voir ma fiancée.

Aussitôt qu'elle m'aperçut,
Son petit cœur a soupiré.
— Qu'avez-vous, belle, à soupirer,
On dit qu' vous êtes fiancée ?
— Fiancée, je la suis vraiment,
Malheureuse journée ;
J'aurai dimanch' mon premier ban,
Venez y mettre empêchement.

— Empêchement n'y mettrai point,
Marguerite, ma mie,
Empêchement n'y mettrai point,
Puisque vous êt's en si bon train.
Ce fut un dimanche au matin,
Le curé monta dans sa chaire.
— Ah ! ne publiez point ces bans
On va y mettre empêchement.

— Les mouchoirs qu' j' vous ai donnés
Les avez-vous encore ?
Tout à l'entour de points piqués
Belle, vous vous en souviendrez.
Les anneaux qu' j' vous ai donnés
Les avez-vous encore ?
Vous les mettrez dedans vos doigts,
Bell', vous vous souviendrez de moi.

IX

Retour inattendu

(RETONFEY)

Ç'ateut dieumanche lè fète
Lè fète dè nat' motin,
J'aleu veur lè bacelle
Qu' mo cœur eveut choisi.
Ma foué ç'at lè pu bèle
Que n'y aie d'dans l' pays.

En entrant dans l'alaye
J'a vu cete bèle afant,
J'éveus po cette méniée
Ein charmant p'tit bocquet,
J'en éveus ein grousse pognaye,
Jè l'a mis dans s' corselet.

Mé qué j' n'ateus me jocrisse
Jé l'a rembressié su le champ,
Jé m'essieutins sur des chires
Qu'atint dans l' coin don fu.
Jè maingin des grombires
Qu'atint cutes dans zout jus.

Eva eine bone grousse torte
Et ein grand t'pin d' maton,
Et pu in boin trat d'eaue
Po fare la digession.

O diale lè musique !
Vass lo pér' qui s'en vient
E ch'vau su sè borique,
Et mè jé rebele ben.

X

L'Utilité de la Perruque

(METZ)

Hécheu, quand not' Chan s'at levé
    Il eveut des counes
Comme un escargot d'Angounes.
— Eh! Margot, qu'é que ç'at qu' çolé,
J' creu qu' j'a des counes dans mes chawous?
        J'éreu mechou
        Ete galou
Qu' d'aveur ac en lé dans mes chawous.
— Couché-to, Chan, ne t'en vante mé,
Tos les monsieux en ont en lé ;
Ç'at po c'lé qu'i poutent des paruques.
      — Eh! beune Margot?
Fais-me z'en fare ieune tot d' chute !

NOTE.

Cette petite chanson, où la mention des perruques indique une certaine ancienneté, était restée dans la mémoire d'un Messin né en 1757. Il existe une chanson française qui rappelle le genre de plaisanteries de la pièce précédente :

    La petite Angélique
    Revenant de Saint-Cloud, etc.

Je ne sais pas ce que signifie un *escargot d'Angounes*. On lit dans les *Bulletins de la Société d'archéologie lorraine*, t. IV, p. 516 :

   Escargot, escargot d'Angore,
   Montre-moi tes cornes.
   Je t'enseignerai ton père et ta mère, etc.

La rime ou plutôt l'assonance semble indiquer qu'il faut lire d'Angone. Mais encore une fois que veut dire ce mot? Faut-il le rapprocher du mot *angoine* qui, en vieux français, signifiait ennui, chagrin, tristesse, colère? Faut-il dans *Angonne* voir l'Argonne, petite province dont Sainte-Menehould était la ville principale? mais quelle liaison d'idées pourrait rattacher ces mots à escargot?

M. Stœber, dans son curieux livre *Elsæssisches Volksbüchlein*, p. 104, cite avec des variantes le couplet rapporté dans les *Bulletins de la Société d'archéologie lorraine* :

   Escargot, escargot d'Angorne,
   Montre-moi tes quatre cornes, etc.

Dans ses notes, M. Stœber n'explique pas non plus le mot *Angorne* qu'il fait suivre d'un : ?

M. Liebrecht, qui a bien voulu s'occuper de notre chanson (*Gött. gel. Anz.*, 1866, p. 2,026), pense que les mots Angonne, Angore n'ont point de sens et qu'ils ont été appelés par la rime.

XI

L'Élégant

(MALAVILLERS)

Quand j'a perti d' m' villaige
L'y é quatre annayes, saprebleu !
J'aveus ein' bal' pare d' guêtres,
Des sabots nieus, saprebleu !
J' les motteus fate et dieumanche
Po far' l'amour, saprebleu !
J'aveus ein' maou bal' culotte
Percéy' pé l' cul, saprebleu !
J' l'aveus volaye à la potence,
A ein pendu, saprebleu !
J'aveus ein maou bal' veste noire
Caoüseuy' d' fil bianc, saprebleu !
J' réssembleus ben pé l' derrie
A ein président, saprebleu !
J'aveus ein maou bal' cravate
De fin taffetas, saprebleu !
Qu' s'agraffeut pé lo dérie,
Aveu ein cadenas, saprebleu !
J'aveus ein maou bal' perruque
Dé fin brunio, saprebleu !

J' la peigneus fate et dieumanche
Avec ein raté, saprebleu !
J'aveu ein bé chapé d' paille,
Long et pointêuy, saprebleu !
Y m' couteut cinquante-nieuf pences
Moué ein écu, saprebleu !
Et quand j'alleus vouër ma matrosse
J' la matrijeus, saprebleu !
Et si veus n' veuleuz m' m' croire
Alleuz y vouër, saprebleu !

NOTE.

Cette chanson est très-répandue. M. Max Buchon l'a donnée dans la *Revue de Franche-Comté*, M. Tarbé dans son *Romancero de Champagne*, M. de Beaurepaire dans ses *Études sur la poésie populaire en Normandie*. On la trouve encore dans les *Mémoires de la Société d'émulation de Cambrai*, t. XXVIII, p. 373, et dans les *Vaux de Vire* d'Olivier Basselin, p. 270. Wolf l'a reproduite dans son recueil *Altfranzœsische Volkslieder*, p. 94, d'après un recueil imprimé à Caen en 1615. Enfin, on en rencontre plusieurs rédactions dans la collection manuscrite des *Poésies populaires de France* qui est à la Bibl. nationale. Cette chanson est en patois dans les diverses provinces où elle a été recueillie et le patois n'en est naturellement pas le même.

Comment le mot *pence* est-il venu se placer dans notre chanson de l'*Élégant* ? Faut-il croire à un emprunt fait à la Normandie qui, à son tour, en aurait fait un à l'Angleterre ?

XII

La Petite Mayatte

(BOUSSE)

Ç'ateut lé piatte Mayatte
Que s'en alleut eva sa hatte
   Clier des poirattes.

L'é rencontré Francis Lorond,
   In june guéchon
   D' bonn' féçon,

Qué l'é rewatié et l'é houyé :
   — Veneuz'en tocé
   J'ai à to paler.

Mé bèle émie tu n'es m' volaige
   Et dans lo v'laige
   Chequin t'estime.

Si te vieux to mérier,
   Te pourrez treuver
   Sans trop chercher

In bé guéchon
Qu'erin eine môhon,
Et ica des teires ;

Que s'rait gentil,
Qu' érait souci
De to rende agrouse.

Si j'ouse to dire
Qu' j' doive to posséder
Et nos mérier ;

Que j'a des écus,
Que j' sus ben reçu
Eva tot lo monde ;

Que j'a don bien
Comme te lo sas bien,
Essez po nos douse.

Te n'a m' corouse,
Te serez agrouse,
Je te lo promets.

E c't' hour pense z'y
Et pus mo dis
Si te vieux mo penre.

— Faut que te venins,
Dit-elle tot' sorprise,
Veure mes pérents.

Je ne vieux rien fare
Dans cette effare
Qui ne los réjouisse.

Pèce qu'eine bacelle
Pesse po eine donzelle
Quand el' n'a m' somise.

V'éveus in boin quieur
Et ica d' l'honneur ;
Çé pourrait se fare.

Si v' voleux me plare
I' n' faut rien fare
En étordi.

Pèce qu'en palrin,
Et tot je serins
Le fiauve don v'laige.

En étendant,
Mon cher émant,
D'meureuz tranquille.

Et d'a é c't' hour
Véveuz m' n' émour
V' s'en ateuz chur.

Po vo l' prover
Veneuz mo rembressier
J' sus fin contente.

Et d'pus ce temps
Ces doux janes gens
S'ont recharchés.

Y sont mériés
Et l'ont treuvé
Lo bonheur.

L'ont des afants
Obéissants,
Qué les resseunent.

Et c'est ainsi,
Dans nat' pays,
Qu'on so mérie.

Po vo prover
Qu'on peut trover
L' bonheur en fome.

XIII

Avant et Après

(VARIZE)

Dans lo temps qu' j'ateus fillette
Je soupireus tos lés jos,
Jé m' déheus : Poure Nanette,
Qué n'at' mériaye po tojos.

Dans lo temps qu' j'ateus en fianceie,
Lo grou Gliou mo veneut veur,
I' m' pouteut des bell's fontanges
Et des boquets tot mignots.

I feyeut des keresses é mé mére,
Dihant qu' ç'ateut po l'emour de mé,
I peyeut boteille é m' pére,
Dihant qu' c'ateut po m'owouer.

E c' t' hour qué j' su mériaye,
I m' houie peute houre de fome ;
Ma ç'at beun dire des mentrayes
Jé pieu beun ica piare é in homme.

E c' t' hour jé sus comme dannaye
I m' sohate au fond d' l'enfé,
Mo houiant peute, laide, rasse,
I m' beille des coups tos lés jos.

XIV

L'Invitation à la Noce

(RETONFEY)

— Bonjour, mon oncle et mé tante,
Mes coseun's et mes cosin's ;
Je viens cosi vos sorpenre,
J' viens v' inviter au fech'tin.
Demain, i n'è point d' jo pu près,
J'allan meriè nat' Françouè,
Je viens torto v' inviter
E lè nace et au d'juné.

— Je n' sais, mardi si j'y vran,
Pesque je n'évan oua l' temps ;
E pu ç' na me çà torté ç'lè,
J' n'ateus m' jè s' content en lè,
Comment nas frères et sieux
Et ica bon émi aussè,
Sans no v' éveuz fa l' merché
Vi freuz ica lè nace aussè.

— Mon oncle, i n' fau m' être fôché
Pesque v' érin bien grand tourt.

I n'ont point fa de merché
L'atin torto ben' d'éccourd :
Ç'at auss' pi qu' là nace Champaigne
Ç'at comm' lo chin et lè kégne ;
I sont forcé de s' mérier
L'ont joué au lieuv' chessié.

— Qué qu'ça ica d' ces gens-là
L'ont-i çà i pou les mayens ?
— Mon oncle, ne m'en paleur mé,
Ç'at des pour' gens que n'ont rien.
L'ont é point in pia trou d' mohon,
Ç'at des crasses po les pignons,
E pu lè crovisse en train,
Ç'at signe qui n'ont m' grand mayen.

— Comment, diale, que vat Françouè
Alleut veur des gens en lè?
Lu qu'éveut portant in boin m'ti
Si ç'lè éveut réussi.
Si s'éveut i pou beillée d'owade,
L'éreut pu rémessié acque ;
Mà comm' je ouè qui s'y prend
Çolé beill'ré des pour's gens.

— Si j'éveus étu dans lé pièce de vas gens
Je n'y éreu m' beillé m' consent'ment ;
J' l'éreus putout envayé
É vigt cinq lieues de tocé.
— Je n'y v'lîmes beillé non pu,
J'évan fa ç'que j'évan plu ;
L'é dit si j'ny vl'îmes beillé
Qui s'éreut putout nayé.

Putout que d'far ein malheur,
J'évan dit aù p'tit bonheur,
Qui s' mérieusse au diale si vieu,
I freu comme i l'entendrait,
Quand i s'ré dedans so mnaige
I s'ré p'têt' i pou saige ;
I freu d'ses pieds et d'ses mains
Po tacher d'awouer don pain.

A r'vouer mon oncle et mé tante,
Mes coseun's et mes cosin's ;
Ç'at demain que l'on v'étente
Veneuv' z'en de boin matin ;
J'espère que j'éran l'honneur
E ica l'piahi de v' veur ;
Tiace que mangereu nas fricats
Si j'natans des gens que nos ?

— A r'vouère donc nat' nevou,
V' beill'reu l'hour' qui s'ret tantou,
E pu v' direu è va gens
Pesque ça en lè qu' j'y vran.
Ç'at domaige po vat' Françouè
Que le fa ene farce en lè
Je sus beun' chure qui s'en repent
Ma au dial' i' n'at pu temps.

NOTE.

Je dois à M. Ernest Auricoste de Lazarque cette chanson et le commentaire indispensable qui suit :

Ç'at des crasses po les pignons.

Le mot crasse veut dire une perche; la perche que l'on suspend sous le toit et sur laquelle on met sécher les haricots est une *crasse*. Les personnages dont il s'agit sont si pauvres qu'ils ont pris des crasses pour les pignons, c'est-à-dire qu'ils ont remplacé les bons bois carrés dont on se sert dans certaines constructions pour les pignons, par des crasses. Le vers précédent offre une expression assez remarquable, c'est celle de « l'on é point », ce n'est pas à peine, « c'est é point », à point, tout juste.

    Ç'at lè nace Champaigne
    Lo chin et lè kégne.

Cela se dit d'une noce où il n'y a personne, pas d'assistants, pas d'invités. Le lièvre chassé est un jeu d'enfant dans lequel on court l'un après l'autre. C'est ce qu'ont fait les amoureux.

XV

Le vieux Cheval

(SERROUVILLE)

N'y aveut ein vié ch'vau
Atouray dans l' préau,
Y fayeut tant rire les gens
Qu' chaquin en fayeut austant.

J' baill'reu sa grande vièle langue
Aux nigauds pou mié s' deffende ;
J' baill'reu ses grands viés dents
Aux cherdays pou mett' devant.

J' baill'reu sé hennissement
Au mat' d'écoule pou se plein-chant ;
J' baill'reu se grand' vié nay
Aux prisaux pou mié schnouffay.

Me ch'vau aveut si bonn' vue
Qu' j' l'a baill'reu aux berlus ;
J' baill'reu ses grand's oreilles
Aux cavistes pou des boutoilles.

J' baill'reu sa grand' crinière
Aux blancs-becs pou ein' bouquine ;
J' baill'reu sa grand' viel' pé
Aux gloriaux pou ein manté.

J' baill'reu sa grand vié' quaüe
Aux polays pou des chawaoüx
. . . .
. . . .

J' baill'reu l' gilet don ch'vau
Aux mériays pou ein berçeau ;
J' baill'reu sa grand' touëlette
Aux d'moisell's pou des manchettes.

J' baill'reu ses vièles tripayes
A la cuisinièr' pour des risayes ;
J' baill'reu ses viés sabots
Au pus lourd pou couri au trot.

NOTE.

V. *Littérature populaire de la Gascogne*, p. 456; *Noëls et Chants pop. de la Franche-Comté*, p. 89, n° 27; *Chansons de Gautier Garguille*, p. 38; une facétie latine composée vers l'an 350, le *Testament de Grunius Corocotta Porcellus*, est dans le même genre : un porc y partage ses dépouilles d'une manière burlesque et satirique. Auger Gaillard, dit le Roudié (le charron) de Rabastens, a imité cette pièce (voyez ses œuvres imprimées à Alby en 1843, p. 74). Les testaments satiriques sont nombreux dans la littérature du moyen âge, on se rappelle le testament de Jean de Meung, celui de Villon, celui de l'archidiacre de Toro (*Cancionero de Baena*, t. I, p. 9), etc.

XVI

Les Garçons de Mairy

(MALAVILLERS)

Ç'ot les gachons de Mary [1]
    La jolie,
Qui s'en allint par dépit
    A l'armeye,
Par' les mouches à la pipaye.

Quant l'arrivint su' l' haut d'Anaoü [2],
    L'avint paoü,
Oyint déjé hurler les laoups,
L'ont rafilé lous asticotes,
Ç'oteut pou far paou aux baouottes.

Quand l'ont v'nin d' grand matin
    Su l' haut ch'min,
L'ont vu trois grands chins
    Qui lou dijin :
    Bonjou m' cousins,
I lou z'ont mordu les jambes,
I l'ou z'ont fa grand révérence.

---

1. Mairy, à 10 kil. de Briey.
2. Anoux, village à 7 kil. de Briey.

Quand l'ont v'nin à Moncé[1]
    L'avint fé,
L'ont rentré dans l' may d' l'hermite,
Ma l'ont décampé co plus vite.

Quand l'ont v'nin à Lubey[2]
    S'sont fa hippey,
Y sont revnin chaquin chez aoüx
La toilette vide et ben hontaoüx.

---

1. Moncel, canton de Longuyon.
2. Village du canton de Briey.

XVII

Les quatorze Commandements de la Table

(MALAVILLERS)

Té bouchay fieu de d'dans té boche,
A té vaissell' pu né toche.

Qu' té bouchaye n' toche à la salire,
Ker c' neut m' ein maou bell' manire.

Boués sobrement tortot les fâtes
A c' qué té n' brouifles mé té tâte.

Si t' fayeu gorgi en t' varre,
Boués l' vin né l' jatte mé pa tarre.

Si'on oute les plets d' d'vant té,
Ni rewate mé et te tiens coué.

Et n' remplis m' si fort té panse
Pou qu' t'aveus ein boun' contenance.

Rewate à le tauille et tojo écote
Et n' té tiens jama su t' cote.

Né fa m' té morcé condure
A t' caoüté qui poureut t' nure.

Né toche mé t' nay avo lé main
Dont té cha ot ténin.

Né baille a pechoune si t'os saige,
Le restant dé t' potaige.

Tié pé d'vant té couchu not,
En in vassel tes reliefs mots.

Né moche mé t' nay haut à tauille,
Ker ç'ot ein chouse pou prisaye.

Joult lé tauille né creche mé,
J' t'echure qu' ç'ot ein vilé poué.

Entore té d' gens d' grande assemblaye
Et qué t' vent' né baill' mé d' ronfiayes.

XVIII

Le nouveau Marié

(MALAVILLERS)

Qu'est-ce qui t' faut donc paure homme?
  Trideroum, tridera, la, la,
Qu'est-ce qui t' faut donc paure homme?
  T'ais l'ar mou desolay.

Comment que je n' l' s'roume,
  Trideroum, tridera, la, la,
Comment que je n' l' s'roume,
  C'est qu'on viet d' m' mérier.

On m'o fa pare ein' foume,
  Trideroum, tridera, la, la,
On m'ait fa pare ein' foume
  Qui n'oveut pont d' solays.

J'li en a fa fare ein' pare,
  Trideroum, tridera, la, la,
J'li en a fa fare ein' pare,
  Ein' pare de vé bronzey.

J'li a fa fare des chaussottes,
    Trideroum, tridera, la, la,
J'li a fa fare des chaussottes,
Des belles chaussottes de soué.

J'li a fa fare ein' cheminche,
    Trideroum, tridera, la, la,
J'li a fa fare ein' cheminche,
Ein' cheminche d'étoupotte.

J'li a fa fare ein' belle roube
    Trideroum, tridera, la, la,
Ein' bell' roube d' varvatan,
N'y est rin dri co rin d'vant.

J'li a fa fare ein' cornotte
    Trideroum, tridera, la, la,
Ein' belle cornotte d' dentelle,
Avec des belles librottes.

J'li a fa fare ein couchu,
    Trideroum, tridera, la, la,
J'li a fa fare ein couchu,
Ein bé couchu d' taffetas.

J'li a fa fare ein mouchu,
    Trideroum, tridera, la la,
J'li a fa fare ein mouchu,
Ein bé mouchu d' damas.

Quand tourtout s'ré ouatenaye,
    Trideroum, tridera, la, la,
J' la froyra dans m' cuvé
Dans m' nieu cuvé d' bouaye.

XIX

Les vieilles Filles d'Ancerville

Dans le vlaige d'Ansrevelle [1],
Y eveut dous vieles bacelles,
Grandes sottes, emberlondayes,
Que vlint éte mériayes.

L'évint des belles halettes,
Des chepés, des cornettes,
Des cochus, des mochus,
Qui reluyent comme des melus.

Des cattes, des képuchons,
Des hebits de toute feçon,
Des solés, des bottines,
Qui les chaussient comme des dines.

All's beillint des d'junous,
L'invitint zous émins,
Zous pérens, zous cosins,
Sans pleur y pervenin.

---

1. Ancerville, canton de Pange.

All's feyint des chentrés,
Des fioumes, des poidefhis,
Des beignets, des crépés,
Et ne polint réussi.

L'allint dans tous les v'laiges,
A Remly[1] et Sanry,
A Chanvelle[2], à Béchy,
Po montrer zous peus v'saiges.

L'une ateut bacaraye,
Et l'eveut eine tote grande boche,
Comme lé gueule d'ein gros foche
Et hayou en quouetropaye.

L'autre eveut les chawes roges
Et le nez torto réboli,
Le dos ateut comme ein euche,
Quand lo au large devé.

All' tougneut en rewatant
Et l'ateut moitié bougne,
Se figure au demeurant,
Ressanneut é eine grosse cahongne.

L'allint sovent aux danses,
L'evint assez de gros sous,
Ma l'evint eine trop grosse panse
Et pechoune ne v'lint d' zous.

---

1. Remilly, canton de Pange.
2. Chanville, *idem*.

Aussi alles demeurent bacelles,
Et elles y demeureront
Jusqu'au jo où en veurant
Voler les pchés de Chanvelle.

Po épouser les bacelles,
Et po pleure se mérier,
Y n' faut mie tant s' montrer,
Ma y faut ica ête bèle.

XX

La Fête de la Commère

(MALAVILLERS)

Qu'on est heureux, commère,
D'atre a tauille cheuz vous.
J' vidons la chopinette,
J' mangeons co iac étou.

A vot' santé, commère,
A tous vos bés ofants,
Si r'seunont à lou mére,
J' les aimerons tout austant.

Aux dames, aux demoinselles,
A toute la compagnie,
Et à la sans pareille
Qué vlé touci d'lé mi.

On dit qu' j' su ein' sotte,
Ma par ma foué qué c' fut,
Si j' fayeus la bigotte,
Ça n' sreut mi' bé non pu.

J'va dire queuqu' gaillardise,
V'eveuz l'esprit beun fa,
On peut dir' quéqu' bêtise,
Ma n'en faut far jama.

Vot' belle humeur, Zebette,
Plaît tout à ces gens-ci,
Qui vouraient qué vot' fate
Ne feut jama finie.

XXI

Les Vieilles

(RETONFEY)

Ç'at au v'laige dé Penge et d' Mont[1]
I n'y é des bèles bacèles,
I sont pu peutes que bèles,
I sont pu sates que saiges,
I n'ont point d'aut' quélité
Qué d' beun bouère et d' beun minger.

I s'en vonn dedans les crègnes,
Eva torto zous covas,
I l'empoutent dezo zous cates,
Eva des hozi, des hozates ;
O mon Dieu les viél' émorouses
Qu'èles sont mou freulouses.

Le pu jane de ço v'laige-là
N'é qué quatre vint dige ans,
El' né pieu pu minger d'crate,
I l'y faut fare des poussates,
Oh ! les viél' héridèles
I vourin co pesser po bacèles !

---

1. Pange, dont le hameau de Mont est une annexe.

INDICATION

DE CHANSONS NON PUBLIÉES DANS CE RECUEIL

On m'a communiqué beaucoup d'autres chansons, que je n'ai pas cru devoir conserver, les unes étant trop incorrectes ou trop insignifiantes, les autres étant connues. Toutefois, pour compléter cette collection, je vais donner les premiers vers des chansons qui ont été omises, ce sera suffisant pour que les amateurs de la poésie populaire puissent rechercher si elles existent dans d'autres provinces :

> En revenant de la Lorraine,
> J'ai rencontré trois capitaines.

> Une jeune demoiselle
> Que je ne nommerai pas, la, la.

> Quand j'eteus dechu mon père,
> Des guéchons venont d'mander.

> C'est un pauvre métier
> Que d'être savetier.

> Au fond d'un bois prenant la fraicheur,
> J'ai vu mes amours qui cueillaient des fleurs.

> Or, adieu donc, Claudine,
> Point de souci.

> Belle meunière, en passant par ici,
> Ne suis-je pas éloigné de Paris ?

Verse-moi du vin,
Je suis chagrin.

Sais-tu, la bell', qu' j'ai pris parti
Dans l' dixièm' dragons de la Seine.

Buvons tous à plein verre
Et laissons là l'amour.

La p'tit' Mariann' va au moulin,
C'est pour y fair' moudre son grain.

Je sens augmenter mes peines,
Ne voyant plus mon berger.

J'ai sorti d' mon v'laige
Eva mes gros solés.

Sans souci et sans chagrin
J' resterai jusqu'à la fin.

En sortant du pays flamand
Pour revenir en France.

Amusons-nous, fillettes,
Profitons des beaux jours.

Celui qui possède mon âme,
C'est lui qui peut charmer mon cœur.

C'est ici, il y a trois beaux galants,
Levant le pied légèrement.

L'autre jour à la chasse
Je m'en suis allé.

Au bout de la vigne,
Ah ! je viens d'Allemagne.

Cher amant, me veux-tu croire,
Abandonnons les soucis.

Où irons-nous, mignonne, en quittant nos amours ?
Il faut que je te quitt', voici mon dernier jour.

Ma charmante maîtresse,
Je te fais mes adieux.

Ma Joséphine, c'est fini,
Il faut que j' te quitte aujourd'hui.

Julie, il faut que je te quitte
Puisqu'enfin il me faut partir.

O ma charmante Élisabeau,
Que fais-tu donc dans ces lieux nouveaux?

Tous les Anglais sont pir's que des sauvages,
Ils se retirent pour le bruit du canon.

Chère Coterie, voici le jour
Que vous me faites la conduite.

Ah! quel triste état
Que l'état militaire.

Tout garçon qui s'engage
En mariage aujourd'hui.

Adieu, ma bonne mère,
Je pars, le tambour bat.

Vive le 10e chasseurs!
Ce sont des hommes d'honneur.

Bonjour, belle bergère,
Bonjour, beau cavalier.

Belle Élise, je vais partir
Dans les dragons de la Moselle.

Le long de la grand'rue
M'en allant promener.

C'était un cordonnier
Bien crotté, bien mouillé.

Adieu, la belle, je m'en vas,
Voici la général' qui bat.

Venez tous, émigrants,
Thionville vous attend [1].

Là-bas dans la prairie
En prenant mon repos...

---

1. Chanson relative au siège de Thionville, mais par malheur trop incorrecte pour qu'on y trouve un sens.

Notre-Dame élevée
Qui met ses pieds sur la rosée.

Chantons la chanson d' la réquisition,
On est mal à son aise dans la maison.

Adieu, belle, c'est pour longtemps,
Voici l' printemps, il faut changer d'amant.

Par derrière chez mon père,
Vive l'amour,
Un oranger il y a.

Là-haut, sur ces montagnes,
J'ai entendu pleurer.

Mon père m'y marie
A la Saint-Nicolas.

Ma voisine est bien gentille,
Ell' m' fait plaisir quelquefois.

Petite Marionette,
Marions-nous tous deux.

J'ai fait une maîtresse
A trois lieues d'ici.

C'était un moine qu'on appelait Simon,
Il allait voir la femme d'un maçon [1].

C'est derrière chez ma tante,
Il y a un coq qui chante.

En revenant de Bordeaux
J'ai passé par la Rochelle.

Quand la bergère s'en va-t-aux champs,
Elle est si joliette.

Tout derrière chez mon père
L'y a un pommier.

L'auberger de cette ville
Trop matin s'en va-t-aux champs.

---

1. Publiée dans le *Romancero de Champagne*.

Mon père me défend la danse
Et la compagnie aussi.

Là-haut, là-bas, à la cour du roi,
Où l'on cueill' la violette au bois.

Quel chemin faut-il prendre
Pour le mieux aller ?

Quand la rose était fleurie,
J'avais des amoureux.

A la cour du roi, mon ami,
Il y a une Allemande.

J'ai un serviteur, mesdames,
Agréable et bien joli.

Quand j' suis auprès de ma maîtresse,
Je suis plus content que le roi.

Mon père me marie
A un marchand de v'lours.

J'aperçois ma mie
Qui cueille du muguet.

Derrièr chez nous il y a claire fontaine
Et un arbre qui port' petite graine.

Quand Martin r'vint d' son labourage,
Il avait si faim qu'il pétait d' rage.

Je suis venu ici,
C'est pour passer mon temps.

Le chemin d'amourettes,
Ah ! grand Dieu ! qu'il est long.

Me promenant sur l'herbette,
Le long du ruisseau coulant.

La Joséphin' du bois joli,
On dit qu'elle s'y marie [1].

L'autre jour en me promenant
Le long de la rivière.

---

1. Une chanson analogue a été publiée par M. Champfleury.

L'y a une dam' dans la ville
Qui se plaint du mal de dents.

Mon père me marie
A un avocat, la, la.

A Paris l'y a une fille
Ah! ah! ah! friste à l'huile.

Me promenant tout autour du moulin,
Mon aimable meunière.

L'amour est un p'tit chien d' vaurien
Qui fait plus de mal que d' bien.

J'étions à trois bons drilles,
Tous trois de même accord.

Jeanneton prit sa faucille
Et s'en alla couper du jonc [1].

En r'venant à Pont-à-Mousson,
Ah! ah! ah! p'tit bonnet d' coton.

D' bon matin, je m'y prends, je me lève,
A la chass' m'en suis allé.

Mon pèr' m'envoya à Paris,
Jamais nous n'avons tant ri.

Aimable et jolie belle Cadère,
Je viens te voir en ces vallons.

Quand la boiteus' s'en va-t-aux choux,
Ell' n'y va pas sans ses deux sous.

Mon père me marie
Avec un charbonnier.

Petite bergèr', qu' fais-tu dans la prairie,
Sur ces verts gazons?

Il était un p'tit homme
Qui s'appelait Kirbi-Carabi [2].

---

1. Très-répandue par toute la France.
2. Variante d'une chanson bien connue.

Un jour revenant de Versailles,
Venant d'y chanter mes chansons.

C'est à la fontaine d'amour,
Là, je m'y baigne tous les jours.

A la cour du palais, mon amant,
L'y a-t-une Flamande.

Y vient frapper à ma porte
Un gros moine jacobin.

L'autre jour dans la prairie,
En chemin j'ai rencontré.

Vivent, vivent les garçons,
Pour rendre service aux filles.

Quand je mis, à la table ronde,
Ma maîtresse auprès de moi.

Je n' veux plus être garçon,
J' veux me marier tout de bon.

Ah ! si quelqu'un voulait me battre
Pour m' fair' choisir les saisons.

Mon pèr' n'avait d'enfant que moi,
Dessus la mer il m'envoya.

Là-haut, là-bas, dans ces prés,
Mon cœur y repose.

J' m'en oleu au bout d' not maye,
Po cueilli d' la giroflaye.

Or, chantons la luzerne
A la dure saison.

Voici l'hiver qui vient, vraiment,
Maman, donnez-moi z'un amant.

J' vas m' mettre en mariage,
Chacun en rira.

Rempli d'honneur à la voix de nos braves,
C'est en courant qu'on brave le canon.

Tu me demandes, ma Justine,
Depuis trois mois que j' suis soldat.

C'était le conscrit Corbeil,
Il n'avait pas son pareil.

N'est-il pas bien temps, ma mère,
De me donner un mari ?

J' suis amoureux d'puis peu d' temps
D'une jeun' fill' âgée d' quinze ans.

Un jour, Lisette, à la veillée,
Arrivait un peu tard.

Mariez-moi, ma bonne mère,
J'aime le fils à Mathurin.

Qu' ta de belles filles,
Giroflé, girofla [1].

Là-bas, dedans ces bois,
J'ai entendu la voix.

C'était un garçon
De bonne famille.

Me promenant, sur le tard,
Le long de ces bois à l'écart.

En filant ma quenouillette,
C'était au milieu des bois.

Au bord de la rivière
J'aperçois un chasseur.

Qui veut ouïr une chanson ?
Nouvellement nous la dirons.

C'est dans la ville de Bruxelles
Où j'y ai tant fait l'amour.

Bonjour, Marion, la belle,
Comment s'en va ta santé ?

Mon mari est un sac à vin,
Il boit tout ce qu'il a de rentes.

C'est à Flainville
L'y a une tout belle fille.

---

1. Chanson connue partout.

En cueillant la rose blanche
Dans mon beau tablier blanc [1].

Magdelon s'y baigne
Dedans un chaudron [2].

C'est par derrièr' chez nous,
Il y a trois jeunes filles.

Ah! bonjour, Magdelon, mon cœur,
Reconnais-tu Belle-Humeur ?

Vivent les dragons
De la nation !

Allons, ma mie, nous promener
Nous ferons un petit tour de France.

Quand Colin revint d'au bout
Tout d'un coup.

Où t'en vas-tu si tard ?
Je crois que tu t' chagrines.

Auparavant que la terr' fut créée,
J'étais au monde avant Mathieusalé [3].

Je viens à vous, ma Clémence,
Pour vous conter mes raisons.

Si mon pèr' m'a marié,
Jacques Métrique et mi redondaine.

Il était à Parthenay
Une tout belle fille.

Dessus le pont de Besançon
Il y a des belles filles.

Allons, mes amis, divertissons-nous,
La loi nous l'ordonne.

Petit à petit,
Le panier se remplit,
Allons en vendanges !

---

1. Variante de la chanson : *J'ai cueilli la rose rouge.*
2. Variante de la chanson : *Mon père m'envoie à l'herbe.*
3. Mathusalem.

Bonsoir, Silvie, jolie bergère,
Que fait's-vous dans ces lieux-là ?

Il est temps, Félix, que tu t'engages,
Pourquoi donc tarder si longtemps ?

Je n'ai jamais aimé personne de ma vie,
J'ai commencé par vous, belle Iris aux yeux doux.

Étant sur l'herbette
J'aperçus ma mie.

On nous appelle au camp,
Il nous faut partir.

Dimanche au soir, en allant voir ma blonde,
Je lui contais les tourments de l'amour.

Adieu, Saint-Nicolas,
Adieu la jolie ville.

Pour servir Napoléon,
Il faut être joli garçon.

Me promenant le long de ces grands bois,
Pour y dissiper mes chagrins.

Calmina, mon cœur,
Tu connais ma douleur.

Allons à la promenade,
Mademoiselle, y viendrez-vous ?

Entre Paris et Saint-Nicolas
Vous ne savez pas ce qu'il y a [1].

L'autre jour je m'y promène,
Par un chemin si petit.

Adieu, Babette, je m'en vas
Puisque le régiment s'en va.

Ce soir à la promenade,
Marguerite, y viendrez-vous ?

C'est à la Saint-Jean
Que les jours sont grands.

---

1. Publ. dans les *Chants populaires de la Lorraine*.

Monsieur, passez votre chemin,
N'y venez pas m'y surprendre.

Un jour me promenant à l'ombre,
A l'ombr' d'un joli bosquet.

Entrez, entrez, bell' demoiselles,
L'entrée ne vous y coûte rien.

A Paris l'y a-t-une vieille,
Mariée convenablement.[1]

Mon pèr' va-t-au moulin
Et ma mère à la noce.

Vivent les naces
Et vivent les feschtins[2].

J'ai tant battu, j'ai tant vanné,
Que mon avoine est dev'nu blé.

Entre Paris et Rouen,
Toujours ma boule va roulant.

Napoléon, la gloire
Est perdue pour jamais.

Dans son île lointaine,
Au milieu de la nuit.

Là-haut, là-bas, dans ces prés,
Mon cœur y repose.

Si tu voulais, mignonne,
Nous nous marierions tous deux.

Ce soir, à la brune, m'en allant promener,
Une envie m'a pris de voir ma bien-aimée.

Charmante beauté,
Il nous faut quitter.

Me promenant sur le tard,
Le long des bois à l'écart.

La veille de la Saint-Jean,
M'en allant promener.

---

1. Variante d'une ronde bien connue.
2. Chanson de Mory publiée dans les *Bucoliques messines*.

Là-bas dans ces verts prés,
Mon cœur y repose.

Dans mon jeune printemps
Une foule d'amants.

Ce matin j'ai du malheur
Et du chagrin dans le cœur.

A ta santé, cher camarade,
Je te salue, fais-moi raison.

Par un lundi on me vint avertir
Que ma maîtresse allait changer d'ami.

Un beau jour dans la prairie,
Où je gardais mes moutons.

C'est là-haut sur ces montagnes,
Tout en gardant mon troupeau.

L'autre jour, Colin et Colette,
Se promenaient dans un bosquet.

Not, mat' d'écoule a i mou mat homme,
N' ié me so perail, quand c' s'reu é Rome.

Dans i piot v'laige des environs
Y éveut des gens qu' évint i bó bon.

Les guéchons de ce v'laige-lé
Sont malhouroux po c'lé.

PETIT GLOSSAIRE PATOIS

A

Agroux, se, heureux, se.
Annaye, Ennaye, année. *Annei* dans le *Dict. roman, wallon.*
Ané, anneau.
Ari, plate-bande, carreau de jardin. *Area*, en latin, avait la même signification; dans le *Glossaire de Ducange : Aria. Airie*, en Champagne et dans le *Dict. roman, wallon.* En basque et en celtique, suivant Bullet, *Ar* voulait dire terre.
Asticote, sabre.
Austant, autant.

B

Bacaré, aye, marqué de la petite vérole.
Bacelle, jeune fille. *Bacele, bouaichele* (*Dict. roman, wallon,* etc.), *bacele, bachele, bachelotte* (*Gloss. de la langue romane*).
Bailler, Beiller, donner. *Bailler.*
Baouotte, insecte qui nage sur les mares de fumier; dans les environs d'Audun-le-Roman, quand on voit ces insectes en nombre, on dit : Tié, ç'ot signe de plouve vo les baouottes qui vont su l'aoü.
Beun, bien.
Bocotte, chèvre, de l'allemand *Bock*.
Bonot, bonnet.
Bosseuy, bossu.
Bouaye, lessive. *Buée, bouée* (*Gloss. de la langue romane*). *Chouyer la bouaye,* battre la lessive.
Boin, Boué, bon. *Bouen* (*Gloss. de la langue romane*).
Bon, bois.
Bougne, borgne.
Brunio, étoupe de lin.

C

Cahongne, citrouille.
Cha, chair, viande. *Char* (vieux français).
Chawe, Chawou, cheveu.
Cheffière, panier plat et long.
Chegner les dents, grincer des dents.
Cheminche, chemise.
Chentré, gaufre.

CHEPÉ, chapeau.
CHIN, chien.
CHIRE, chaise.
CHU, suite. *To d' chute*, tout de suite.
CHUR, sur.
CLIER, cueillir.
CO, encore. Même mot dans le *Gloss. de la langue romane*.
COCHELLE, petite cour.
COCHU, tablier.
COICHER, cacher.
ÇOLÉ, cela.
COVA, chaufferette en terre cuite.
COUCHE-TO, tais-toi.
COUEILE, écuelle.
CRASSE, perche.
CRÈGNE, veillée.
CRU, CREUY, croix.
CUBOULE, culbute.
CULOT, bas-bout de la table, dernier-né d'une famille, oiseau dernier éclos d'une couvée, il se dit aussi du coin du feu.

D

DÉBROLÉ, AYE, défait.
D'LÉ, près, proche, à côté. *Deleis, de lez* (*Gloss. de la langue romane*).
DÉPENSOU, dépensier.
DÉVÈRE, ouvrir, DEVÉ, ouvert.
DIALE, diable.
DINE, dinde.
D'JUNÉ, D'JUNON, déjeuner.
DON, du.
DRI, DERRIE, DEYÉ, derrière.

E

ELONDRELLE, hirondelle.
EMBERLONDÉ, AYE, laid, vilain, désagréable.
E C'T' HOUR, à cette heure.
ESSIEUTER, asseoir.
ETAUBE, ETAUPE, étable.
ETOU, aussi. *Etout, itout* (vieux français).
EUCHE, porte, huis.
EVA, EVO, avec. *Evas*, chez, dans le *Gloss. de la langue romane*.

F

FARE, faire.
FATE, fête.
FÉ, faim.
FIAUVE, fable.
FIOUME, FIOUSA, espèce de tarte, galette.
FOCHE, four.
FOCHEREYE, colère, fâcherie.
FOME, FOUME, femme.
FON, foin.
FOUÉ, fois.
FREMIOUS, SE; effrayant.
FROIER, écraser.

G

GACHON, garçon.
GAYE, chèvre. De l'allemand *Geiss*.
GELNIRE, poulailler. *Gelinier* (*Gloss. de la langue romane*), *gallina*.
GORGEON, gorge.
GOULAYE, bouchée.

Grombire, pomme de terre ; du patois allemand.
Guéchon, garçon.

H

Halette, chapeau allongé entourant le visage et que portent les paysannes.
Hayer, aller, marcher.
Hécheu, hier.
Hippaye, cri, huée, probablement de houper.
Hipper, houper, crier, huer.
Houre, femme de mauvaise vie ; du mot allemand *Hure* qui a la même acception ; en langue d'oïl *hore,* que Roquefort fait à tort dériver de *horrida*.
Houyer, appeler. Même mot dans le *Dict. roman, wallon,* etc.
Hozate, hozi, chausses, bas, gros bas que l'on portait autrefois par-dessus d'autres bas, espèce de houseaux ; de l'allemand *Hose*.
Huppaye, ce qu'on peut enlever d'un coup de mâchoire, de happer.

I

Ieun, e, un.
Ica, aussi, ainsi.
Itout, voyez *Etou*.

J

Jedin, jardin.
Jo, jour.

Jone, jeune. *Josne* (*Gloss. de la langue romane*).
Jotte, chou (*Dict. roman, wallon*) ; en langue d'oïl *jotte, jottier,* vendeur de choux.
Joult, au delà, par-dessus.

K

Kègne, chienne.
Ker, car.
Keuche, cuisse.
Keugnot, Kueugnat, pain de beurre pointu.
Keulot, garçon. Probablement le même mot que *culot*.
Kié-lacé, petit lait.
Kieur, cœur.

L

Lacé, lait.
Librotte, ruban de bonnet, de halette.

M

Manire, manière.
Margouli s', s'embrasser, d'un mot qui appartient plutôt à l'argot qu'au patois. « *Mar-
« goulette,* bouche ; au moyen
« âge *gargale* et *gargoule*
« avaient à peu près le même
« sens. — *Buvez si vous vou-
« lez entretenir convenable-
« ment votre margoulette* (Balzac). — *Tu ne sortiras pas
« d'ici sans avoir la margou-
« lette en compote* (Vadé). » —

Les Excentricités du langage, par Lorédan Larchey, 4ᵉ édition, p. 203. — *Margoulette* paraît venir du mot *mar* qu'on employait souvent jadis dans le sens de mauvais, méchant, et de *golée* ou *goulée*, bouche, gueule.

MATON, lait caillé. Se trouve dans *li Jus du Pèlerin*.

> Il n'est si bonne viande que matons.
> (*Théâtre franç. au moyen âge*, p. 100.)

MATRIJER, maîtriser, fasciner, lutter.

MATROSSE, maîtresse.

MAY, jardin. *Meis, mais, mes* (*Dict. roman, wallon*).

ME, MIE, pas.

MECHOU, mieux. *J'ereus mechou*, j'aimerais mieux.

MEIN, MIE, EMEIN, maîtresse.

MELU, miroir.

MENIÉE, jeune fille. *Miasné, maisné*, cadet plus jeune (*Glossaire de Roquefort*).

MENTREY, ménétrier. *Menestrey* (*Dict. roman, wallon*).

METI, matin.

MITANDFERBOLAYE, marmite de pommes de terre.

MOHON, MOJON, maison.

MONCÉ, monceau.

MOUTI, MOTIN, église. *Mostier, moustier, moutier, monasterium*.

MOUT, MAOU, beaucoup. *Moult, mout, mult* (*Gloss. de la langue romane*), *multum*.

N

NACE, noce.

NANI, non. *Nani, nenni, nenil* (*Gloss. de la langue romane*).

NIEU, neuf.

NONNON, oncle.

O

OBSON, champignon. *Abeson, aublisson, abson, opson* (*Dict. roman, wallon* et *Gloss. de Roquefort*); vient sans doute de *obsonium*.

OC EN LÉ, AC EN LÉ, chose semblable.

OFANT, AFANT, enfant.

OROILLE, oreille.

OWADE, garde.

OUETENNÉ, couvert de poussière, sali.

> Tenant l'paouroux Chalat pé lo pan de
> [s'n' hébit
> Qu'ateût plien d' let ouetenne échépaye
> [don lit.
> (*Chan Heurlin*.)

P

PARE, PANRE, prendre. *Panre* (*roman, wallon*). *Penre* (Roquefort).

PAOU, peur. *Paour* (langue d'oïl).

PAURE, pauvre; même mot (*Gl. de la langue romane*).

PÉCHÉ, échalas. *Paixel* (*roman, wallon*). *Paisseaux, paissel* (*Gloss. de la langue romane*).

P'CHÉ, porc.

PÉCHOUNNE, personne.

		Pages.
XLVII.	— Les Sabots.	93
XLVIII.	— Sur le Bord de l'étang	96
XLIX.	— Rose rouge	98
L.	— Le Maître amoureux.	101
LI.	— L'Écrivain.	103
LII.	— La Jeune Fille endormie	105
LIII.	— Même sujet.	107
LIV.	— L'Aubade.	109
LV.	— Les trois Cousines.	111
LVI.	— Les Garçons de Villers.	113
LVII.	— La Rose vermeille.	115
LVIII.	— Le Rosier	116
LIX.	— Le Clair de lune	118
LX.	— La Chanson des aveines	119
LXI.	— Turlututu.	120
LXII.	— L'Ane et la Femme	122
LXIII.	— La Fille de l'ermite	125
LXIV.	— L'Ermite	128
LXV.	— La Sage Bergère et l'Ermite	130
LXVI.	— Petit Jean.	131
LXVII.	— Oui et non.	133
LXVIII.	— Les Plaisirs de la bergère.	135
LXIX.	— L'Amant oublié.	137
LXX.	— L'Amour refroidi	139
LXXI.	— Allemand et Française.	140
LXXII.	— Le Médecin	142
LXXIII.	— La Fille de notre voisin	143
LXXIV.	— Le Désappointement.	145
LXXV.	— Les Souliers déchirés	147

		Pages.
LXXVI.	— Le Galant repoussé	149
LXXVII.	— La Belle Brune et les trois Soldats .	151
LXXVIII.	— Le Soldat découragé.	153
LXXIX.	— La Cantinière	155
LXXX.	— La Petite Brune.	157
LXXXI.	— Le Soldat prisonnier.	159
LXXXII.	— Tristesse de jeune fille	161
LXXXIII.	— Regrets	163
LXXXIV.	— Les trois Sœurs.	166
LXXXV.	— Le Champ de pois.	167
LXXXVI.	— L'Anneau	170
LXXXVII.	— Les trois Demoiselles	172
LXXXVIII.	— Les Canards blancs	174
LXXXIX.	— La Blonde et le Canard blanc . . .	176
XC.	— La Nouvelle Mariée	179
XCI.	— Les Adieux du soldat	181
XCII.	— Le Congé du soldat	183
XCIII.	— Manon	185
XCIV.	— Pourquoi chanter	187
XCV.	— Le Mari battu	189
XCVI.	— Ronde	190
XCVII.	— Ronde	192
XCVIII.	— Ronde	193
XCXIX.	— Ronde	195
C.	— Le Pou et la Puce.	196
CI.	— Le Cousin	197
CII.	— Les Charpentiers du roi	199

Les Daillements	201
Daillements	203

PETIT GLOSSAIRE PATOIS

A

AGROUX, SE, heureux, se.
ANNAYE, ENNAYE, année. *Annei* dans le *Dict. roman, wallon*.
ASÉ, anneau.
ARI, plate-bande, carreau de jardin. *Area*, en latin, avait la même signification; dans le Glossaire de Ducange : *Aria*. *Airie*, en Champagne et dans le *Dict. roman, wallon*. En basque et en celtique, suivant Bullet, *Ar* voulait dire terre.
ASTICOTE, sabre.
AUSTANT, autant.

B

BACARÉ, AYE, marqué de la petite vérole.
BACELLE, jeune fille. *Bacele, bouaichele* (*Dict. roman, wallon*, etc.), *bacele, bachele, bachelotte* (*Gloss. de la langue romane*).
BAILLER, BEILLER, donner. *Bailler*.
BAOUOTTE, insecte qui nage sur les mares de fumier; dans les environs d'Audun-le-Roman, quand on voit ces insectes en nombre, on dit : Tié, ç'ot signe de plouve vo les baouottes qui vont su l'aoü.
BEUN, bien.
BOCOTTE, chèvre, de l'allemand *Bock*.
BONOT, bonnet.
BOSSEUY, bossu.
BOUAYE, lessive. *Buée, bouée* (*Gloss. de la langue romane*). *Chouyer la bouaye*, battre la lessive.
BOIN, BOUÉ, bon. *Bouen* (*Gloss. de la langue romane*).
BON, bois.
BOUGNE, borgne.
BRUNIO, étoupe de lin.

C

CAHONGNE, citrouille.
CHA, chair, viande. *Char* (vieux français).
CHAWE, CHAWOU, cheveu.
CHEFFIÈRE, panier plat et long.
CHEGNER LES DENTS, grincer des dents.
CHEMINCHE, chemise.
CHENTRÉ, gaufre.

Chepé, chapeau.
Chin, chien.
Chire, chaise.
Chu, suite. *To d' chute,* tout de suite.
Chur, sur.
Clier, cueillir.
Co, encore. Même mot dans le *Gloss. de la langue romane.*
Cochelle, petite cour.
Cochu, tablier.
Coicher, cacher.
Çolé, cela.
Cova, chaufferette en terre cuite.
Couche-to, tais-toi.
Couéile, écuelle.
Crasse, perche.
Crègne, veillée.
Cru, Creuy, croix.
Cuboule, culbute.
Culot, bas-bout de la table, dernier-né d'une famille, oiseau dernier éclos d'une couvée, il se dit aussi du coin du feu.

D

Débrolé, aye, défait.
D'lé, près, proche, à côté. *Deleis, de lez* (*Gloss. de la langue romane*).
Dépensou, dépensier.
Dévère, ouvrir, devé, ouvert.
Diale, diable.
Dine, dinde.
D'juné, D'junon, déjeuner.
Don, du.
Dri, Derrie, Deyé, derrière.

E

Elondrelle, hirondelle.
Emberlondé, aye, laid, vilain, désagréable.
E c't' hour, à cette heure.
Essieuter, asseoir.
Etaube, Etaupe, étable.
Etou, aussi. *Etout, itout* (vieux français).
Euche, porte, huis.
Eva, Evo, avec. *Evas,* chez, dans le *Gloss. de la langue romane.*

F

Fare, faire.
Fate, fête.
Fé, faim.
Fiauve, fable.
Fioume, Fiouse, espèce de tarte, galette.
Foche, four.
Fochereye, colère, fâcherie.
Fome, Foume, femme.
Fon, foin.
Foué, fois.
Fremious, se, effrayant.
Froier, écraser.

G

Gachon, garçon.
Gaye, chèvre. De l'allemand *Geiss.*
Gelnire, poulailler. *Gelinier* (*Gloss. de la langue romane*), *gallina.*
Gorgeon, gorge.
Goulaye, bouchée.

TOME I.

LE ROI RENAUD.

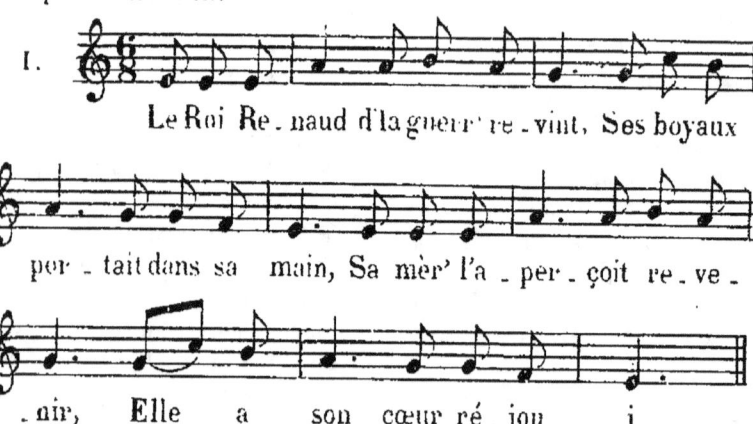

TROP TARD.

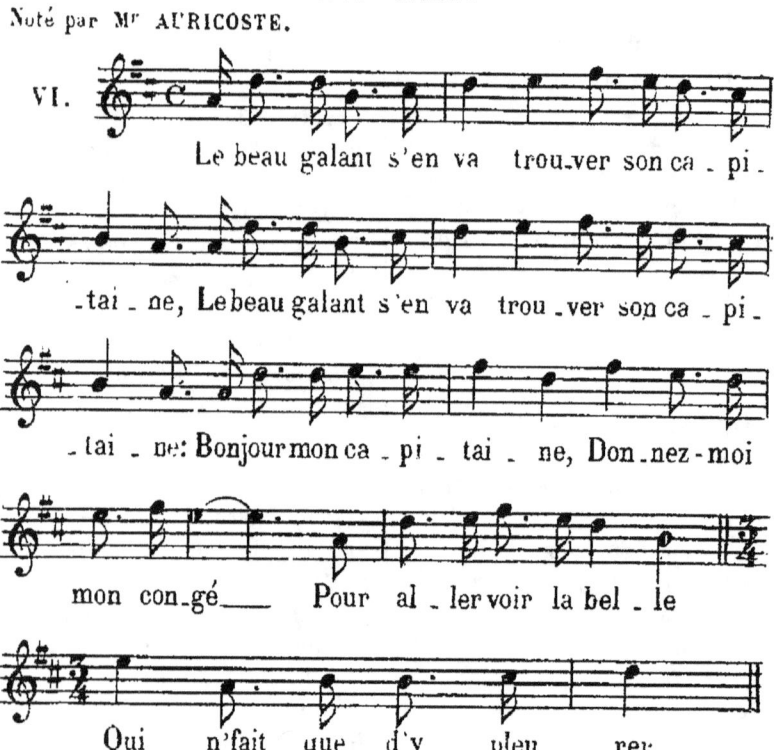

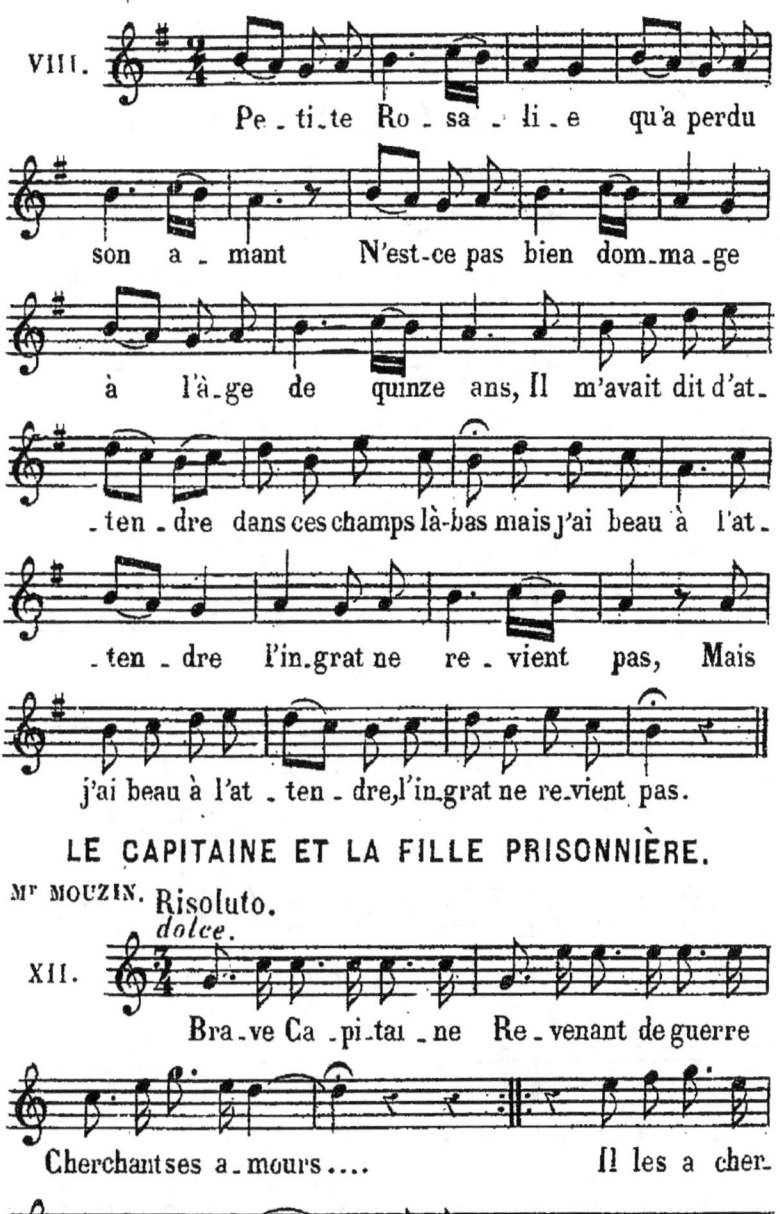

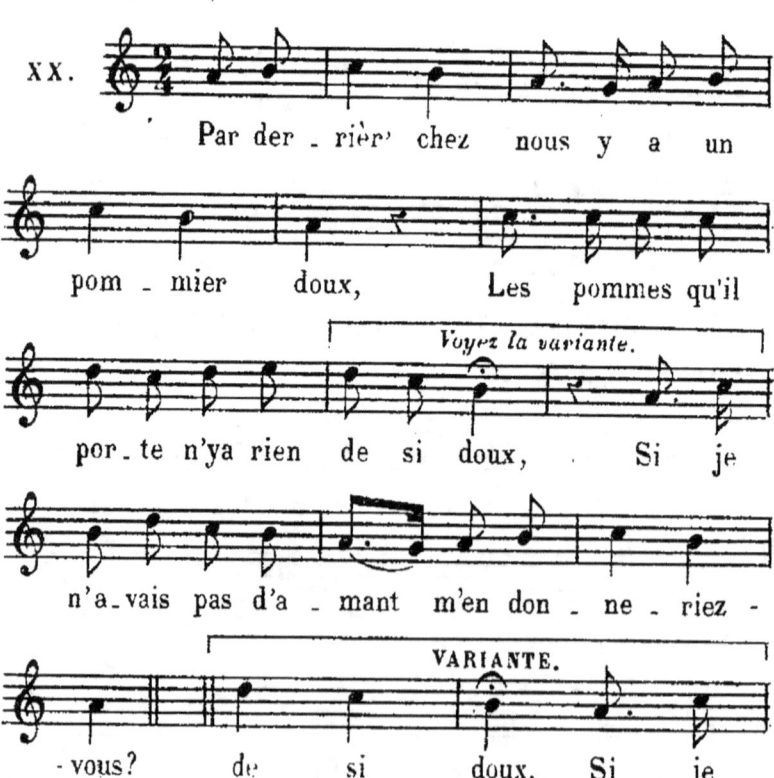

LA FILLE PENDUE.

Mr AURICOSTE.

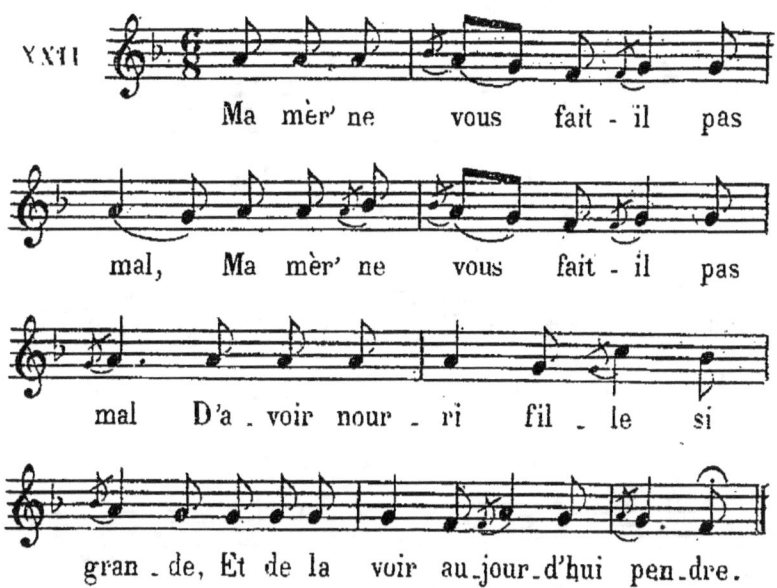

Ma mèr' ne vous fait-il pas mal, Ma mèr' ne vous fait-il pas mal D'avoir nourri fille si grande, Et de la voir aujourd'hui pendre.

LA BERGÈRE ET LE LOUP.

Mr AURICOSTE.

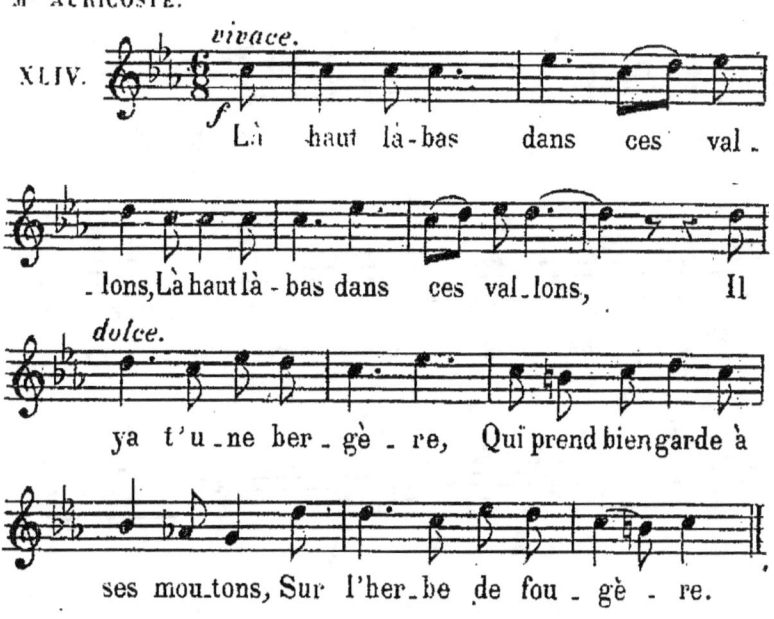

Là haut là-bas dans ces vallons, Là haut là-bas dans ces vallons, Il y a t'une bergère, Qui prend bien garde à ses moutons, Sur l'herbe de fougère.

LA BATELIÈRE.

Mr AURICOSTE.

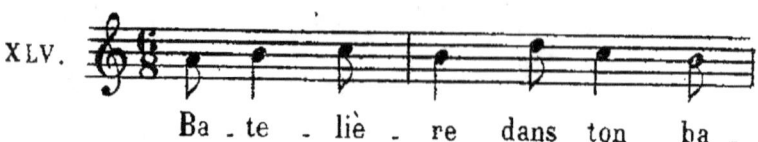
Ba - te - liè - re dans ton ba -

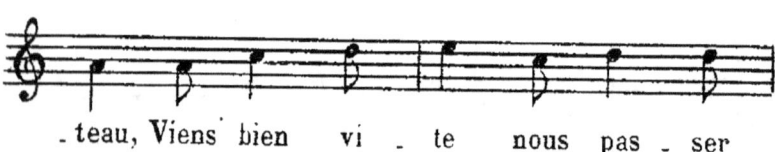
- teau, Viens bien vi - te nous pas - ser

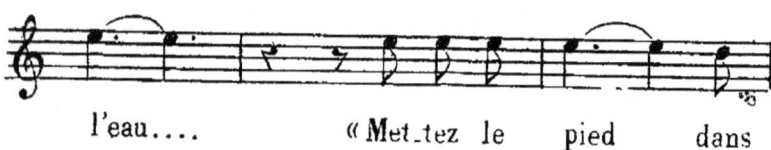
l'eau.... « Met - tez le pied dans

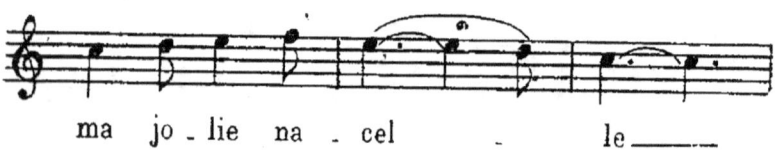
ma jo - lie na - cel - le

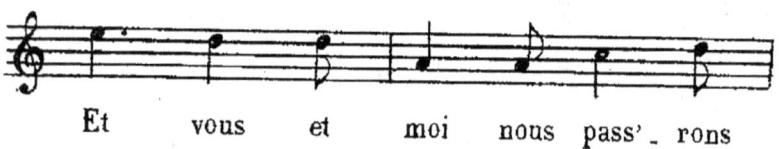
Et vous et moi nous pass' - rons

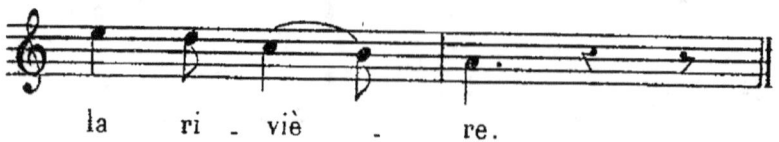
la ri - viè - re.

LE DÉSERTEUR.

Mr AURICOSTE.

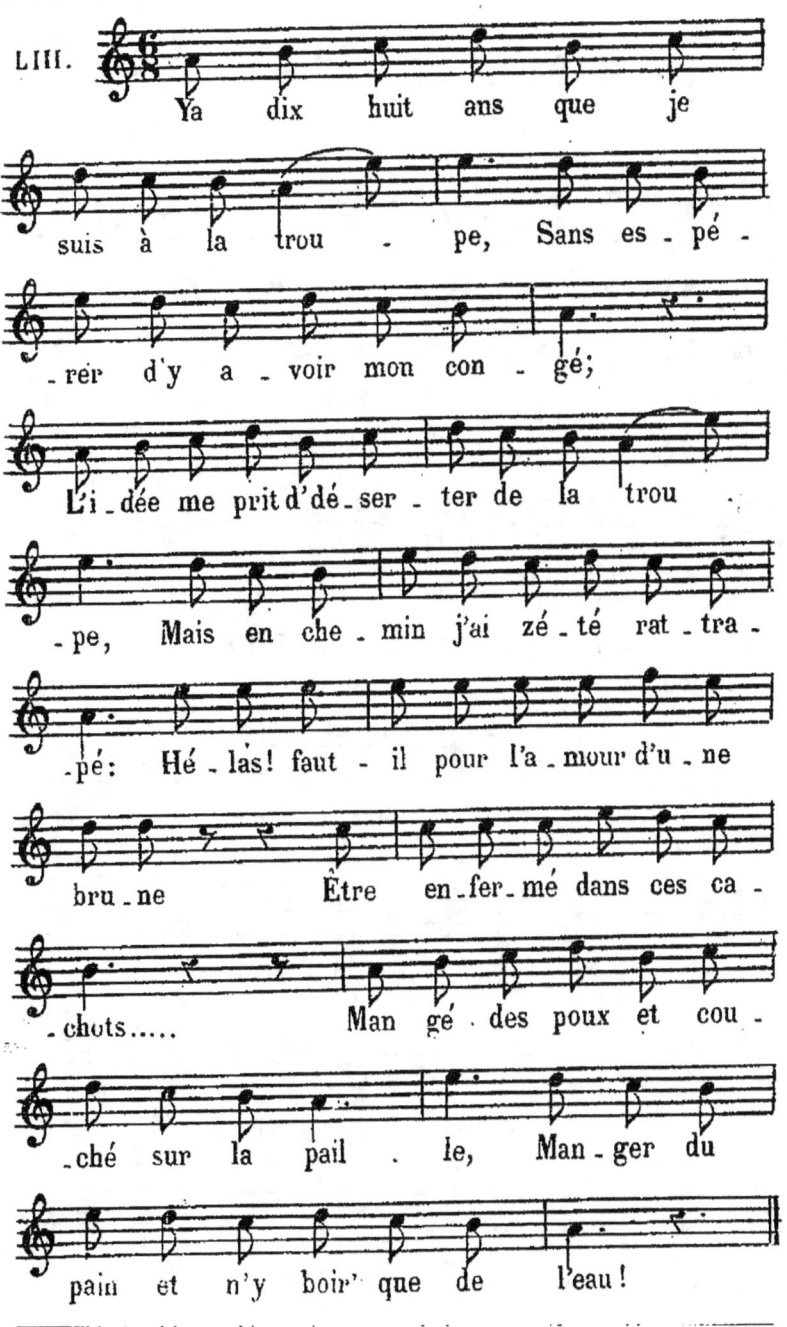

LIII.

Y a dix huit ans que je suis à la trou- pe, Sans es-pé-rér d'y a-voir mon con-gé; L'i-dée me prit d'dé-ser-ter de la trou- pe, Mais en che-min j'ai zé-té rat-tra-pé: Hé-las! faut-il pour l'a-mour d'u-ne bru-ne Être en-fer-mé dans ces ca-chots..... Man-gé des poux et cou-ché sur la pail-le, Man-ger du pain et n'y boir' que de l'eau!

LE JEUNE TAMBOUR.

Mr AURICOSTE.

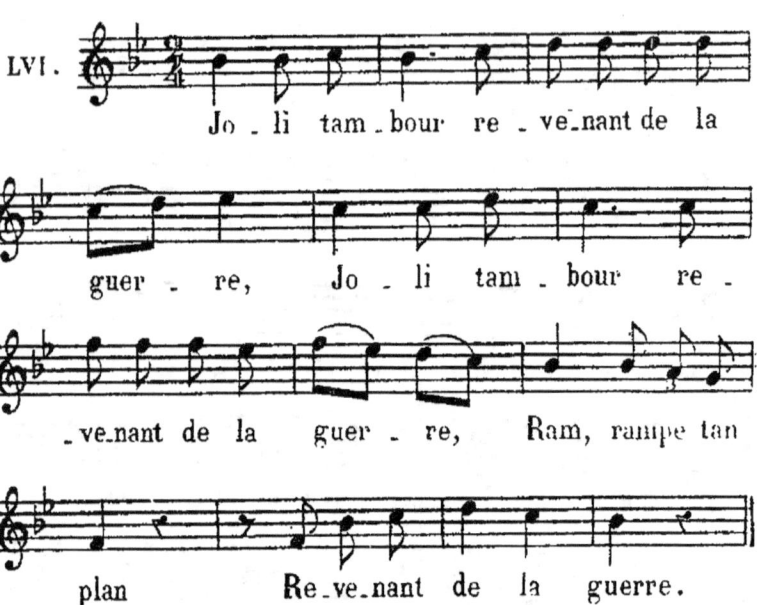

LVI. Joli tambour revenant de la guerre, Joli tambour revenant de la guerre, Ram, rampe tan plan Revenant de la guerre.

LA MORT DU GUERRIER.

Mr AURICOSTE.

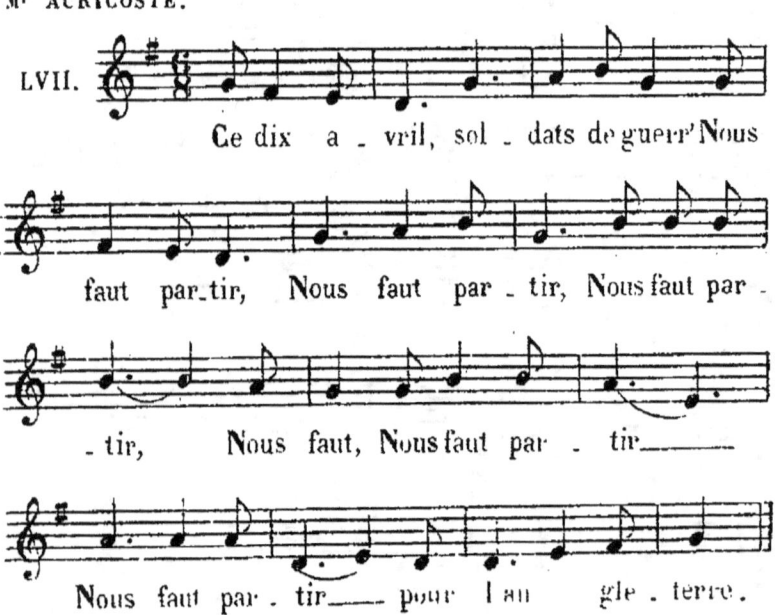

LVII. Ce dix avril, soldats de guerr' Nous faut partir, Nous faut partir, Nous faut partir, Nous faut, Nous faut partir, Nous faut partir pour l'Angleterre.

LE ROI D'ANGLETERRE ET LES 80 PUCELLES.

M⁰ MOUZIN.

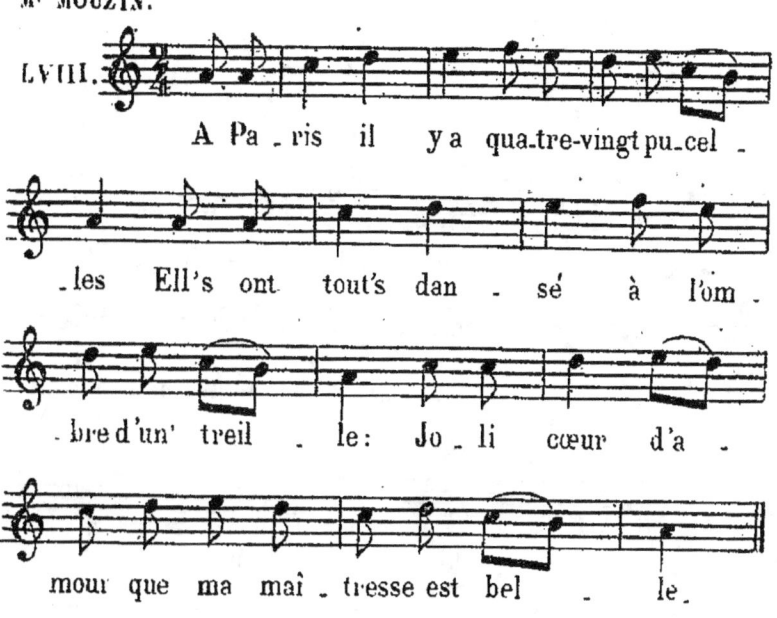

LVIII. A Pa_ris il y a qua_tre-vingt pu_cel_les Ell's ont tout's dan_sé à l'om_bre d'un' treil_le: Jo_li cœur d'a_mour que ma maî_tresse est bel_le.

LE MAI.

M⁰ MOUZIN.

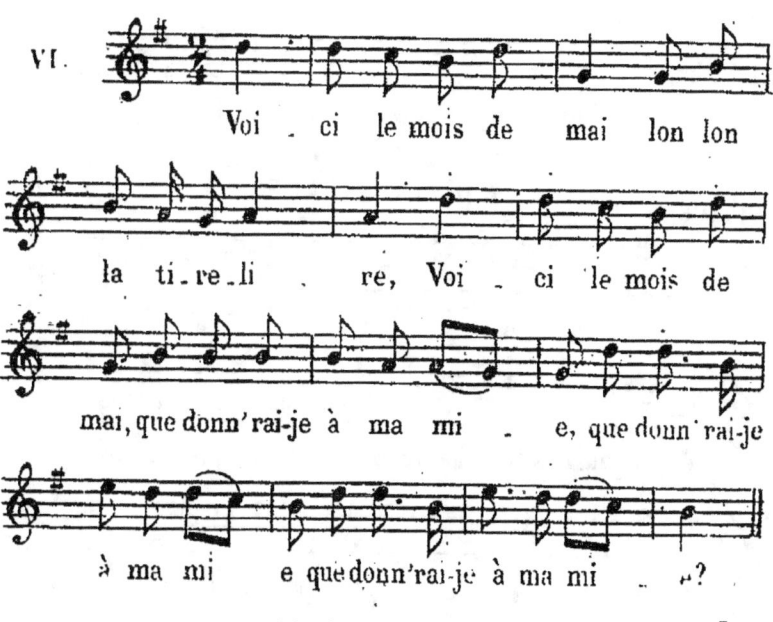

VI. Voi_ci le mois de mai lon lon la ti_re_li_re, Voi_ci le mois de mai, que donn'rai-je à ma mi_e, que donn'rai-je à ma mi_e que donn'rai-je à ma mi_e?

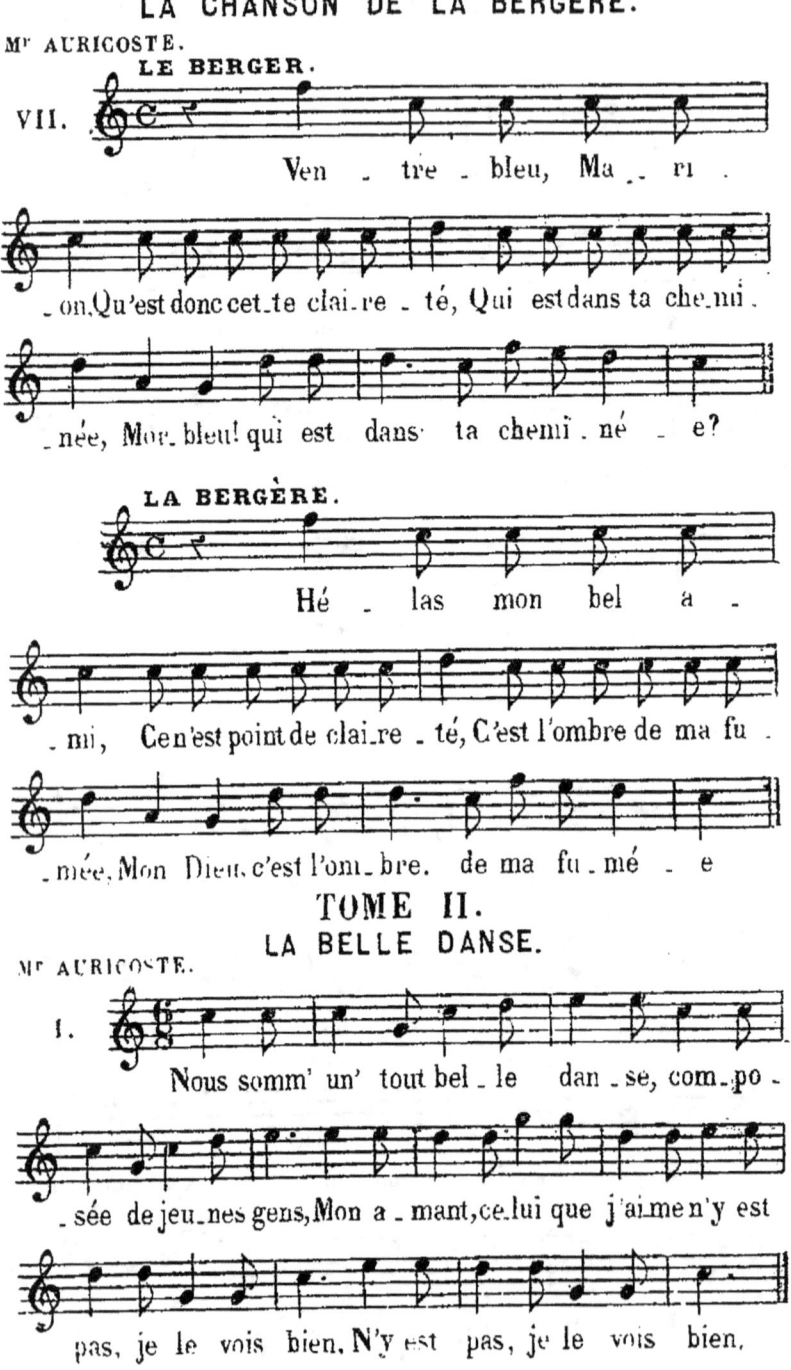

L'ALOUETTE ET LA JEUNE FEMME.

M' AURICOSTE.

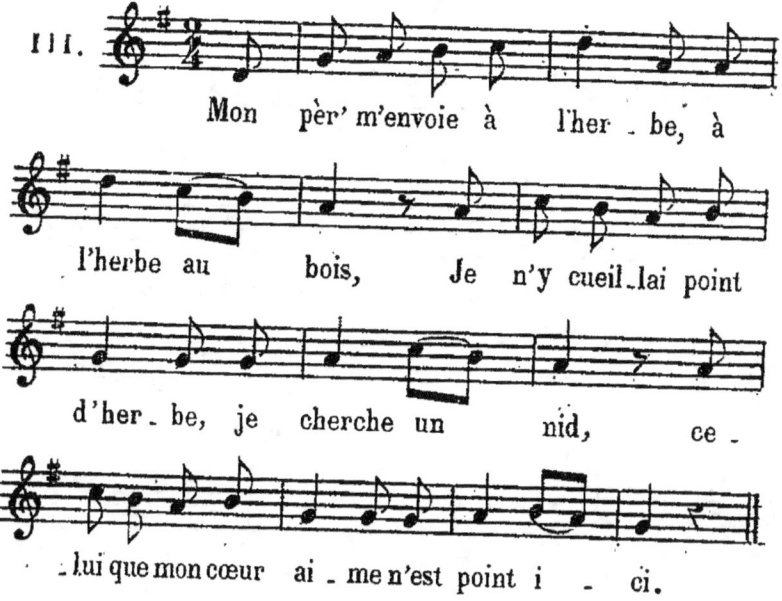

III. Mon pèr' m'envoie à l'her-be, à l'herbe au bois, Je n'y cueil-lai point d'her-be, je cherche un nid, ce-lui que mon cœur ai-me n'est point i-ci.

LES GARÇONS.

M' MOUZIN.

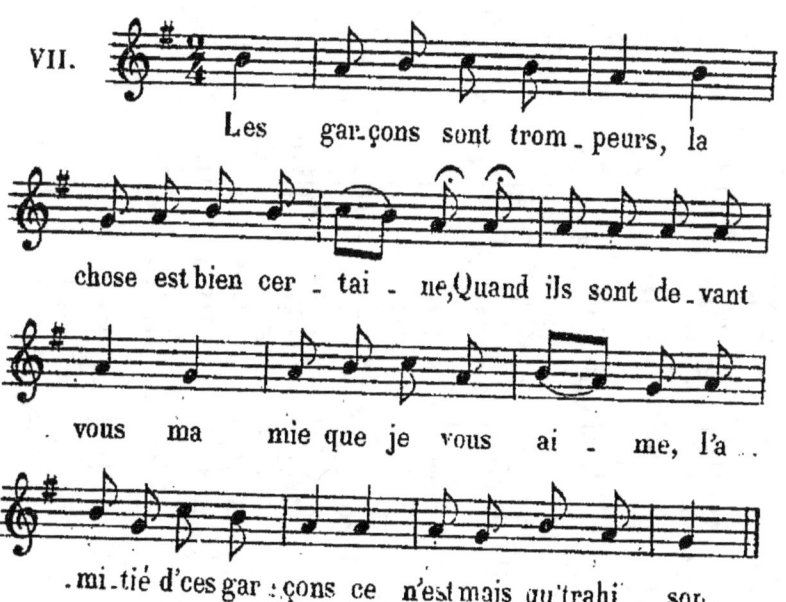

VII. Les gar-çons sont trom-peurs, la chose est bien cer-tai-ne, Quand ils sont de-vant vous ma mie que je vous ai-me, l'a-mi-tié d'ces gar-çons ce n'est mais qu'trahi-son.

CONSEILS AUX FILLES.

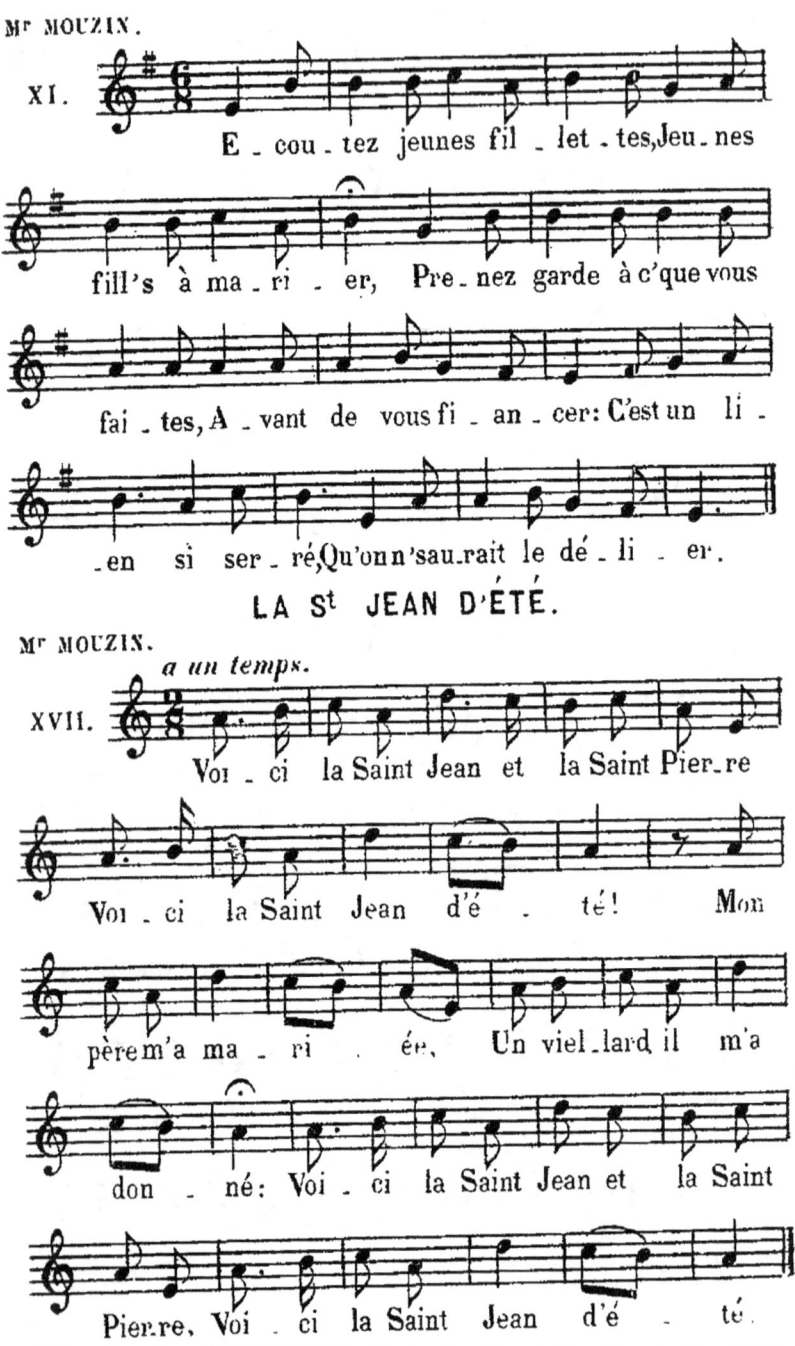

Mr MOUZIN.

XI. E-cou-tez jeunes fil-let-tes, Jeu-nes fill's à ma-ri-er, Pre-nez garde à c'que vous fai-tes, A-vant de vous fi-an-cer: C'est un li-en si ser-ré, Qu'on n'sau-rait le dé-li-er.

LA St JEAN D'ÉTÉ.

Mr MOUZIN. *a un temps.*

XVII. Voi-ci la Saint Jean et la Saint Pier-re Voi-ci la Saint Jean d'é-té! Mon père m'a ma-ri-ée, Un viel-lard il m'a don-né: Voi-ci la Saint Jean et la Saint Pier-re, Voi-ci la Saint Jean d'é-té.

LE MARI ACHETÉ.

Mr MOUZIN.

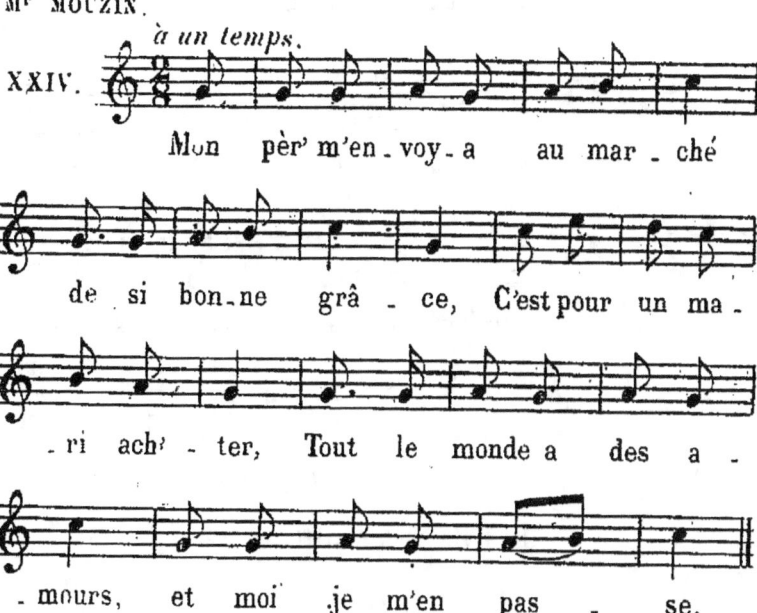

XXIV. Mon pèr' m'en voy-a au mar-ché de si bon-ne grâ-ce, C'est pour un ma-ri ach'-ter, Tout le monde a des a-mours, et moi je m'en pas-se.

LES TROIS SŒURS.

Mr MOUZIN.

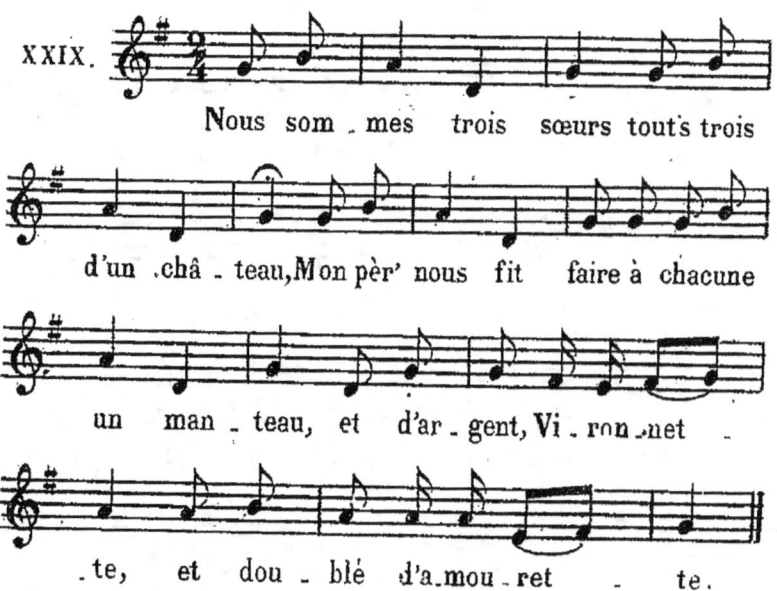

XXIX. Nous som-mes trois sœurs tout's trois d'un châ-teau, Mon pèr' nous fit faire à chacune un man-teau, et d'ar-gent, Vi-ron-net-te, et dou-blé d'a-mou-ret-te.

LA JEUNE FILLE.

Mr AURICOSTE.

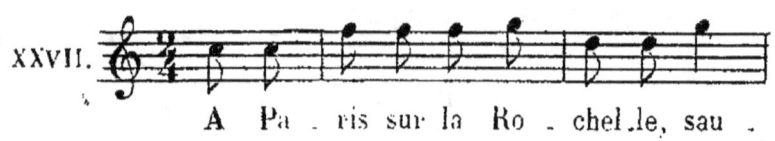
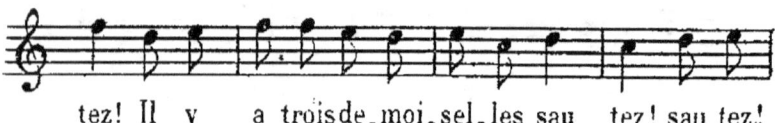
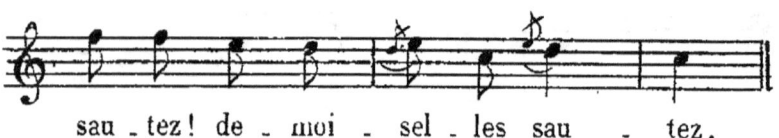

PEINE D'AMOUR.

Mr AURICOSTE.

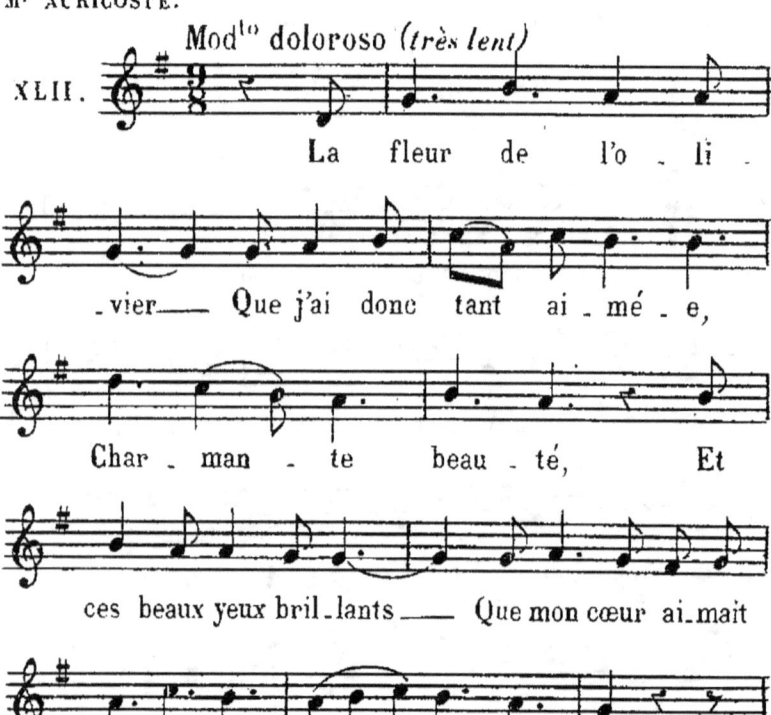

LE ROSSIGNOL.

Mr MOUZIN.

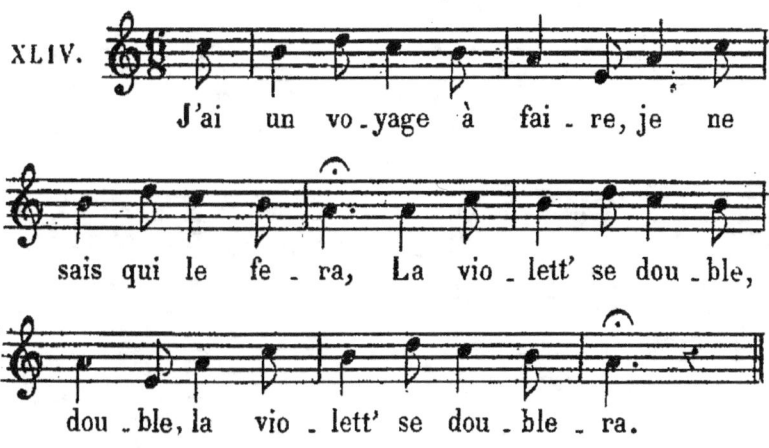

J'ai un vo_yage à fai_re, je ne sais qui le fe_ra, La vio_lett' se dou_ble, dou_ble, la vio_lett' se dou_ble_ra.

LES SABOTS.

Mr MOUZIN.

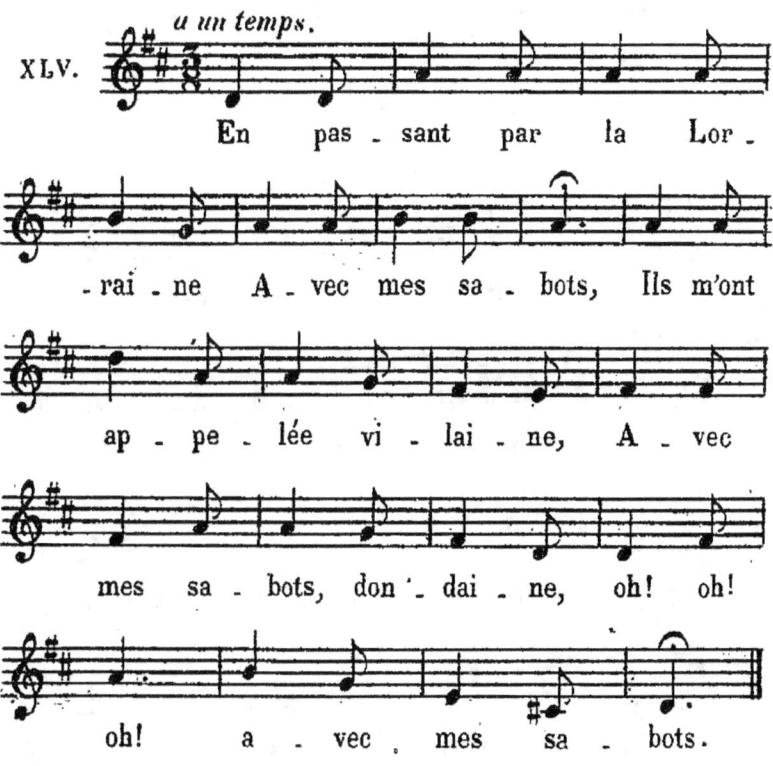

En pas_sant par la Lor_rai_ne A_vec mes sa_bots, Ils m'ont ap_pe_lée vi_lai_ne, A_vec mes sa_bots, don'_dai_ne, oh! oh! oh! a_vec mes sa_bots.

SUR LE BORD DE L'ÉTANG.

Mr MOUZIN.

à un temps.

XLVI.

Sur le bord d'un é-tang, sur le bord d'un é-tang, Ber-gè-re, le-vez les pieds lé-gè-re, le-vez les pieds lé-gè-re-ment, le-vez les pieds ber-gè-re.

ALLEMAND ET FRANÇAISE.

Mr MOUZIN.

LXIX.

Bon-jour ma chèr' de-moi-sel-le, Vous qui a-vez d'la beau-té, Moi ve-nir ex-près d'Bru-xel-les, A l'in-ten-tion d'vous ai-mer.

PETIT SOLDAT.

Mr AURICOSTE.

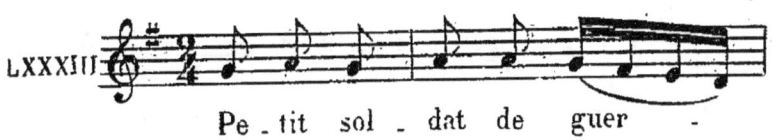
Pe- tit sol- dat de guer-

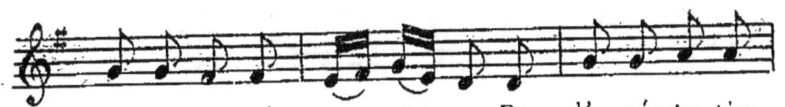
-re, De l'armée tu t'en vas, De l'armée tu t'en

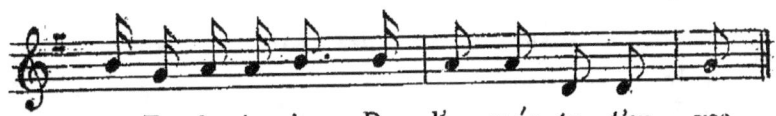
vas, Et lon lon la, De l'ar- mée tu t'en vas.

REGRETS.

Mr AURICOSTE.

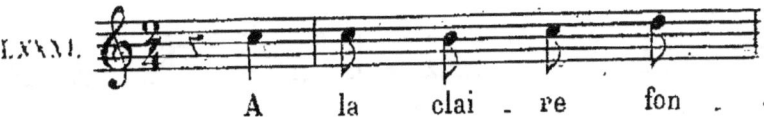
A la clai- re fon-

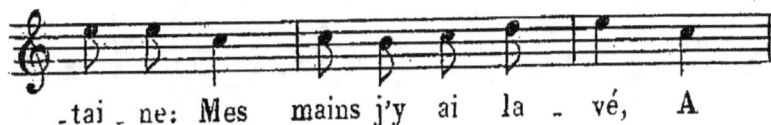
-tai- ne: Mes mains j'y ai la- vé, A

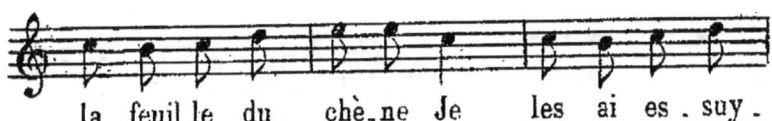
la feuil- le du chê- ne Je les ai es- suy-

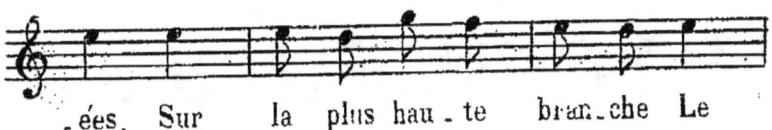
-ées, Sur la plus hau- te bran- che Le

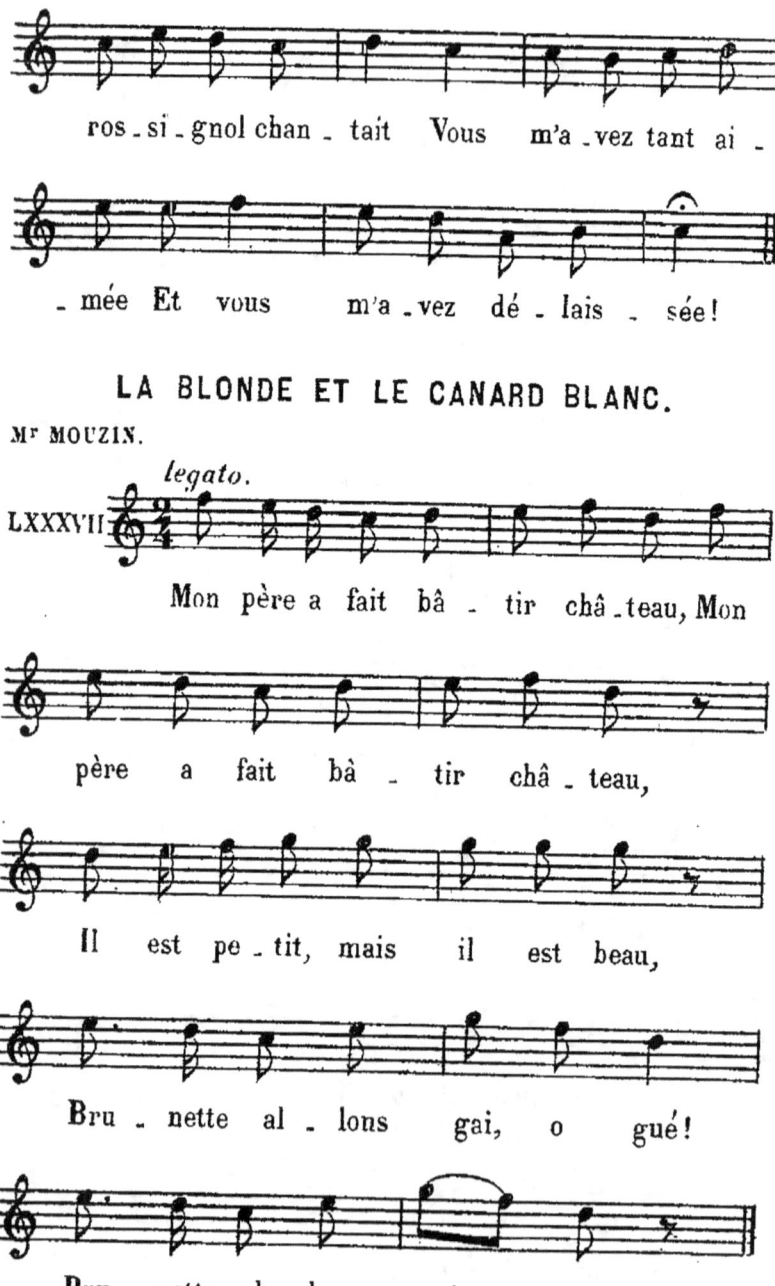

LA BLONDE ET LE CANARD BLANC.

Mr MOUZIN.

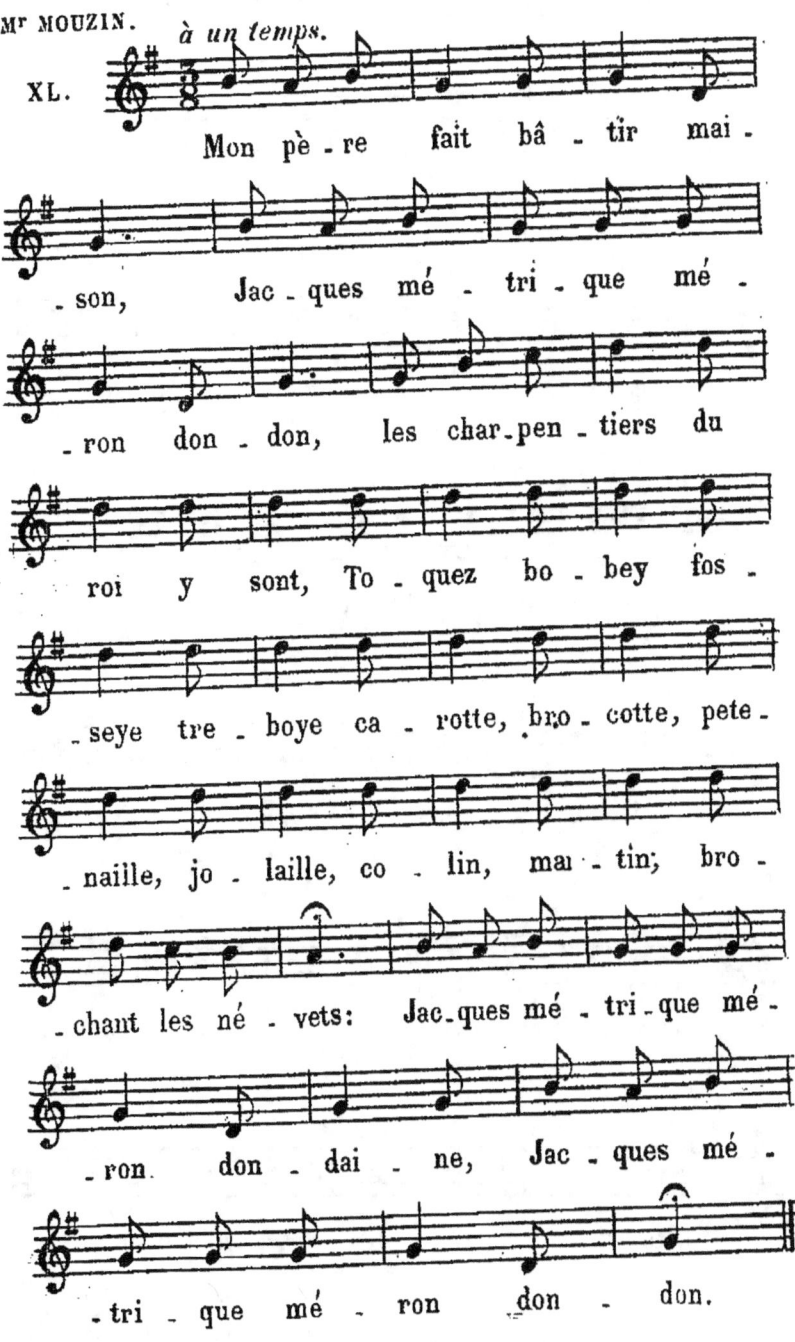

CHANSON PATOISE.
L'INVITATION A LA NOCE.

Mr AURICOSTE.

XIII.

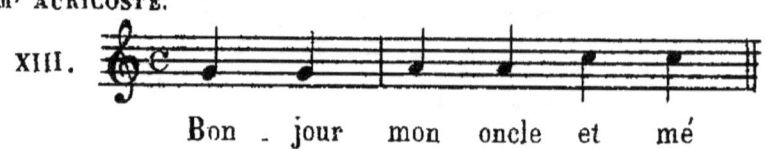
Bon- jour mon oncle et mé

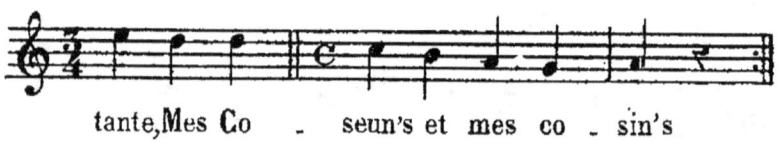
tante, Mes Co- seun's et mes co- sin's

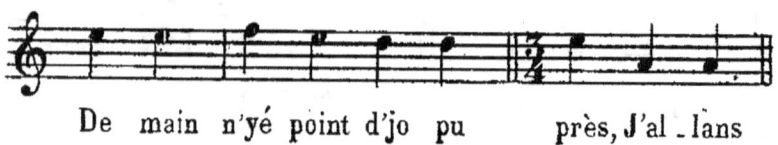
De main n'yé point d'jo pu près, J'al- lans

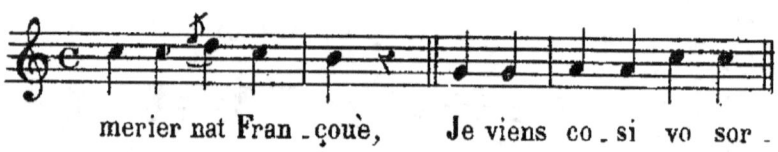
merier nat Fran- çoùe, Je viens co- si vo sor-

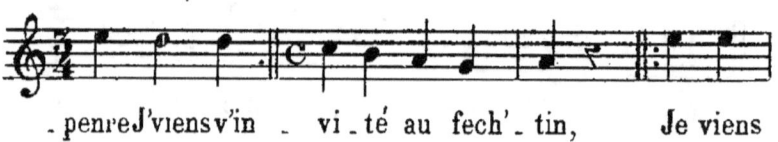
-penre J'viens v'in- vi- té au fech'- tin, Je viens

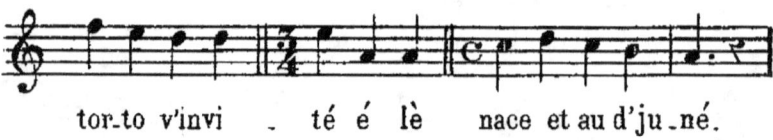
tor- to v'invi- té é lè nace et au d'ju- né.

EXTRAIT DU CATALOGUE DE LA LIBRAIRIE CHAMPION

Adam. Les patois lorrains. Nancy, 1881, in-8º . . . . 10 fr.

Chambure (de). Glossaire du Morvan. Étude sur le langage de cette contrée comparé avec les principaux dialectes ou patois de la France, de la Belgique wallonne, de la Suisse romande. Paris, 1878, in-4º. . . . . 30 fr.

Chabrand et de Rochas. Patois des Alpes Cottiennes (Briançonnais et vallées vaudoises, et en particulier du Queyras). Paris, 1877, in-8º. 7 fr. 50 c.

Jouve. Chansons en patois vosgien recueillies et annotées avec un glossaire et la musique. Épinal, 1876, in-8º . . . . 3 fr.

Mistral. Lou tresor dou felibrige ou Dictionnaire provençal-français, embrassant les divers dialectes de la langue d'Oc moyenne. Aix, 1879, in-4º, livraisons 1 à 17. . . . . 34 fr.
Cet ouvrage important comprendra de 40 à 45 livraisons.

Meyer (Paul). Documents manuscrits conservés dans les bibliothèques de la Grande-Bretagne. Rapports à M. le ministre de l'instruction publique. Première partie. Paris, 1871, in-8º. . . . . 6 fr.

Raynaud. Le chansonnier Clairambault, de la Bibliothèque nationale. Paris, 1879, in-8º. . . . . 2 fr.

Contejean. Glossaire du patois de Montbéliard. Montbéliard, 1876, in-8º. 7 fr. 50 c.

Perron. Proverbes de la Franche-Comté. Études historiques et critiques. Paris, 1876, in-8º. . . . . 3 fr. 50 c.

La Curne de Sainte-Palaye. Dictionnaire historique de l'ancien langage françois, ou glossaire de la langue françoise depuis son origine jusqu'à nos jours, publié par les soins de MM. Favre et Pajot, contenant la signification primitive et secondaire des vieux mots, les étymologies, etc. Paris, 1877-1879, 8 vol. in-4º, tomes I à VI. . . . . 240 fr.

Le Duc (Ph.). Chansons et lettres patoises, bressanes, bugeysiennes et dombistes, avec une étude sur le patois du pays de Gex et la musique des chansons. Bourg en Bresse. 1881, in-8º. . . . . 6 fr.

Gilliéron. Petit atlas phonétique du Valais roman (Sud du Rhône). Paris, 1881, in-12, atlas avec texte. . . . . 7 fr.

Luzel. Veillées bretonnes, mœurs, chants, contes et récits populaires des Bretons Armoricains. Paris, 1878, in-12 . . . . 2 fr. 50 c.

Delboulle. Glossaire de la vallée d'Yères, pour servir à l'intelligence du dialecte haut-normand. Le Havre, 1876. Supplément. 1877, in-8º . 10 fr.

— Matériaux pour servir à l'historique du français. Paris, 1880, in-8º. 8 fr.

Sardou. Le Martyre de sainte Agnès, mystère en vieille langue provençale, texte revu sur l'unique manuscrit original, accompagné d'une traduction littéraire en regard et de nombreuses notes; nouvelle édition enrichie de seize morceaux de chant du XIIe et du XIIIe siècle, notés suivant l'usage du vieux temps et reproduits en notation moderne, par l'abbé Raillard. Nice et Paris, 1877, in-8º. . . . . 5 fr.

Nancy, imprimerie Berger-Levrault et Cie.

www.ingramcontent.com/pod-product-compliance
Lightning Source LLC
Chambersburg PA
CBHW052241220526
45471CB00001B/137